FRANCI RABINEK EPSTEIN

LA GUERRE DE FRANCI

Traduit de l'anglais (États-Unis)
par Cécile Dutheil de la Rochère

Flammarion

Titre original : *Franci's War: A Woman's Story of Survival*
Éditeur original : Penguin Books.
Avec le soutien de la Fondation pour la Mémoire de la Shoah
ISBN : 978-2-0815-1880-3

Pour Helen, Tommy et David
En mémoire de leurs grands-parents

L'itinéraire de Franci (1939-1945)

1

C'était la première semaine de septembre 1942, il faisait chaud et le Palais de l'Industrie de Prague était bondé. La plupart des gens étaient couchés ou assis sur la paille éparpillée au sol ; d'autres tournaient en rond, hébétés. L'époque était loin où les fleurons de l'industrie tchécoslovaque étaient exposés et donnaient au Palais des allures de joyeux carnaval.

Quand j'étais petite, j'y allais souvent parce que l'entreprise électrotechnique de mon père, Rabinek & Koralek, avait un stand. C'était un plaisir. Je rentrais à la maison avec des échantillons, des ballons et des piles de catalogues au papier glacé. Mais cette année-là, je ne rentrerais pas. Le Palais avait été converti en point de rassemblement préalable à la déportation des indésirables, c'est-à-dire des Juifs, conformément aux lois raciales de Nuremberg[1].

Il fallait s'y attendre. Le piège se refermait depuis trois ans, mais l'humiliation systématique et le lavage

1. Le lieu de rassemblement s'appelait alors le Radiopalác Pražských vzorkových veleterhů.

de cerveau se faisaient lentement et n'avaient pas entièrement pris. Notre dignité humaine était encore intacte. Notre situation n'était pas tout à fait entérinée. Quand soudain ce fut un choc, nous n'étions plus que du bétail.

J'avais 22 ans et j'étais allongée, la tête sur les genoux de ma mère, plus ou moins inerte. On venait de me retirer les amygdales. Cela faisait plusieurs jours que je ne mangeais plus et j'avais du mal à respirer à cause de la poussière de paille. Ma mère me caressait doucement les cheveux et essayait de me faire boire de l'eau. Mon père discutait avec les uns et les autres pour tâcher de savoir ce qui nous attendait. Des bandes de SS entraient et sortaient en hurlant pour former des équipes de Juifs chargés de nettoyer les latrines. Ils faisaient exprès de choisir les hommes les plus âgés et les plus distingués, ceux qui portaient des lunettes, dont mon père.

À l'hôpital, quand j'avais appris que mes parents et moi étions convoqués pour être déplacés, l'infirmière, qui était une amie, m'avait rassurée.

— On va te sortir de là en disant que tu viens d'être opérée.

J'avais réfléchi quelques instants avant de lui répondre :

— Je ne peux pas les abandonner. Ils sont trop vieux, ils n'ont personne.

Ma mère avait 60 ans, mon père en avait 65. Il était hors de question qu'ils aillent où que ce soit sans moi. Pourtant, je n'étais pas sans égotisme. Mon mari était déjà parti et je risquais de me retrouver seule. En septembre 1942, j'en avais tellement assez des restrictions imposées à Prague que je pensais que partir serait une délivrance, peu importe ce qui nous attendait. J'ai toujours raisonné comme ça, hélas !

2

Hitler avait envahi la Tchécoslovaquie le 15 mars 1939. Deux semaines plus tôt, j'avais fêté mes 19 ans. La politique ne m'intéressait pas le moins du monde et j'avais à peine conscience que mes quatre grands-parents étaient juifs. Un an avant, j'étais devenue propriétaire de la maison de *haute couture* de ma mère. J'étais insouciante, un peu gâtée, et j'adorais danser, m'occuper de l'entreprise familiale, papillonner et skier – dans cet ordre.

Mon père, Emil Rabinek, était né juif à Vienne en 1878. C'était le plus jeune fils d'une famille de fonctionnaires autrichiens, et il croyait dur comme fer à l'assimilation. À 20 ans, il s'était converti au catholicisme pour échapper au numerus clausus – les quotas de Juifs – de l'université de Berlin. En 14-18, il s'était battu sans enthousiasme au sein de l'armée autrichienne et, en 1918, il avait applaudi la jeune République tchécoslovaque. Il vivait déjà à Prague depuis des années. Il avait beau se sentir autrichien d'un point de vue affectif et culturel, il pensait que la jeune République tchécoslovaque incarnait un nouveau type de social-démocratie et imaginait une Suisse au cœur de l'Europe, qui accorderait les mêmes droits à toutes les minorités. Il décida d'être citoyen tchécoslovaque.

Vingt ans passèrent, qui justifiaient parfaitement sa décision. Emil Rabinek faisait partie de la communauté de langue allemande de Prague et finançait des clubs, des théâtres et des salles de concert allemands. « Je suis un citoyen tchécoslovaque de nationalité allemande » : c'était une de ses formules préférées, alors qu'il n'avait jamais vraiment appris le tchèque. La bibliothèque familiale était presque entièrement allemande et ne comprenait que quelques traductions de classiques des littératures française, anglaise et russe. Il m'avait formée à admirer tout ce qui était allemand, du moins tout ce qui était filtré par la langue allemande. Nous n'avions pas le moindre livre tchèque jusqu'à ce que je sois adolescente et que je commence à en acheter.

Mon père avait beau avoir été prévenu contre le nazisme, il faisait fi des nouvelles d'Allemagne sous prétexte que c'était de la propagande. Il croyait à la décence et à la justice, au sens de l'honneur et à la civilisation allemands. Il était persuadé que la Tchécoslovaquie était un pays fort, dont la souveraineté était garantie par ses alliés français et britannique. L'occupation de l'Autriche en mars 1938 n'avait pas ébranlé ses convictions. Il estimait que ses cousins qui avaient fui Vienne étaient des lâches. Sa sœur aînée, Gisela Rabinek Kremer, et certains de ses enfants étaient restés dans la capitale autrichienne. Il y voyait la preuve que paniquer et s'enfuir était une erreur.

Il fallait également tenir compte de sa situation financière. En février 1920, l'année de ma naissance, mon père était un homme riche, copropriétaire d'un chantier de construction navale et d'un commerce en gros de matériel électrotechnique. Sa fortune avait beaucoup diminué depuis la chute de la Bourse américaine en 29 et la crise. Mais nous avions toujours notre superbe appartement, des livres, des tableaux, et nous vivions très confortablement. Le jour où les Allemands avaient envahi la Tchécoslovaquie, nous vivions essentiellement des revenus de la maison de haute couture de ma mère, laquelle, au début, avait été considérée comme le caprice d'une femme libérée. Désormais, mon père s'occupait en supervisant la comptabilité de l'entreprise. Les affaires continuaient, mais la majorité du capital familial était placée dans la maison et ne pouvait être convertie en devises étrangères au marché noir. « À notre âge, on n'émigre pas sans capital », disait mon père.

Sans que je le sache, en dépit de ses déclarations, il avait écrit à un de ses cousins d'Angleterre pour me faire évacuer de Tchécoslovaquie. En vain, et il a fallu que j'attende vingt-cinq ans pour que cet oncle, rongé par la culpabilité, m'avoue que mon père l'avait supplié de faire quelque chose pour me sauver. Il avait dû agir sous la pression de ma mère, qui pensait que la nation tchèque en général et notre famille en particulier vivaient une catastrophe majeure.

Née Josefa Sachsel, dite « Pepi », ma mère parlait un tchèque parfait et avait un profond sentiment d'allégeance vis-à-vis du peuple tchèque alors qu'elle était aussi née à Vienne. À 9 ans, en 1891, elle avait perdu ses deux parents et avait été confiée, avec ses deux frères aînés, à la tante Rosa, la sœur de son père, avant de déménager à Kolín, une petite ville tchèque.

À en croire ma mère, Rosalia Sachsel Lustfeld n'avait pas un sou et était très pieuse. Elle allait régulièrement à la synagogue et préférait commenter le Talmud avec des hassidim itinérants plutôt que de s'occuper de son magasin de vêtements. Les deux frères de ma mère ne tardèrent pas à fuir : Emil Sachsel s'engagea dans la marine austro-hongroise avant de s'installer à Brastislava ; Rudolf Sachsel fut vendeur ambulant, puis riche marchand et se fixa à Prague. Comme Pepi était une fille et avait 9 ans à peine, elle resta à Kolín, apprit le tchèque et alla au lycée, mais elle était prisonnière de l'amour excessif de la tante Rosa, de sa ferveur religieuse et de sa rigidité. Le tout finit par éloigner ma mère du judaïsme : elle devint agnostique.

L'affaire Hilsner fut un tournant. C'était en 1899, Pepi avait 17 ans. En pleine semaine de Pessah, on retrouva une couturière tchèque, catholique, morte au milieu d'une flaque de sang. Les soupçons se portèrent sur un vagabond nommé Leopold Hilsner, qui fut accusé de meurtre rituel. Ma mère me raconta qu'il y avait eu des pogroms dans tout le pays, y compris à Kolín. Autre événement qui contribua à la détourner du judaïsme : son premier amour était un riche garçon de Kolín que ses parents évacuèrent du pays en bateau pour éviter qu'il épouse une pauvre orpheline.

La tante Rosa avait appris à sa nièce à évaluer les vieux vêtements et à coudre, mais, à 20 ans, Pepi préféra suivre l'exemple de ses frères et quitter Kolín. Elle s'installa chez l'un d'eux, Rudolf, à Prague et fut embauchée dans l'une des boutiques de vêtements féminins les plus connues de la ville : Moritz Schiller. Deux ans plus tard, elle fut nommée directrice et acheteuse. Elle n'avait aucune envie de se marier ; cela dit, pour rassurer la tante Rosa qui avait peur pour sa vertu, elle épousa un camarade d'école de Kolín et devint Madame Oskar Weigert.

C'était au début du XXe siècle, Pepi allait à Paris tous les ans et finit par devenir une femme d'affaires accomplie. Hélas, son mariage battait de l'aile, car Oskar avait la syphilis qui, à l'époque, était une maladie inguérissable. En 1908, elle fit une dépression nerveuse. Son patron en parla à la tante Rosa et aux frères de Pepi, prospères, qui réussirent à annuler son mariage sous prétexte qu'il n'avait pas été consommé. Josefa Weigert s'installa dans une pension où elle fit la connaissance d'Emil Rabinek. Dix ans passèrent ; la tante Rosa, puis la mère d'Emil, Fanny Rabinek, moururent. Emil et Pepi se marièrent en décembre 1918.

Emil Rabinek n'avait rien contre la vie professionnelle de sa femme, mais il ne voulait pas qu'elle travaille pour un tiers. Elle décida alors d'ouvrir sa propre maison de haute couture et la baptisa le Salon Weigert. Lequel était mitoyen de leur appartement, au 53, rue Spalena, à Prague. Pepi était aussi à l'aise avec les clientes tchèques qu'avec les clientes allemandes, même si les premières avaient sans doute ses faveurs. Beaucoup l'adoraient et étaient des amies. Elle avait aussi d'excellentes relations avec ses employés tchèques. Je m'en souviens, je trouvais qu'elle compensait parfaitement la germanophilie de mon père.

De mon côté, je me sentais entièrement redevable à la République tchèque. Après tout, j'en étais la fille et j'avais deux ans de moins à peine que l'État tchèque. Je me vivais comme une citoyenne tchécoslovaque, même si mes parents m'élevaient comme une citoyenne du monde. À la maison, nous parlions allemand, mais partout ailleurs, nous parlions le tchèque ; j'allais à l'école française de Prague ; j'avais été baptisée catholique, j'allais à l'église et je me confessais. Je savais que j'avais de la famille juive puisque, tous les ans, j'allais sur la tombe de la tante Rosa au cimetière juif avec Mutti. En vérité, la religion ne m'intéressait pas beaucoup. À 13 ans, j'avais commencé à chahuter le dogme catholique, et peu après j'avais demandé à mon père de faire changer mes papiers pour qu'on y lise « sans affiliation religieuse ».

Voilà le type de Juifs que nous étions, mes parents et moi, quand les Allemands avaient envahi Prague le 15 mars 1939.

3

En avril, un grand gaillard avec une brosse à la mode prussienne et les cheveux blond sable sonna à la porte. Il se présenta poliment en nous expliquant qu'il avait été nommé commissaire par le *Reichsprotektor* et qu'il était chargé d'« aryaniser » notre entreprise. Après avoir examiné nos registres et regardé comment fonctionnait l'atelier, il dut comprendre que la maison dépendait exclusivement du goût et du travail de ses propriétaires et de leurs relations avec les clients – ce n'était sûrement pas une mine d'or pour lui. Il nous avoua que sa femme avait besoin de nouveaux vêtements et nous conseilla de vendre notre entreprise, pour la forme, à un de nos employés, en faisant comme si nous étions salariés. À peine était-il parti que Mutti et moi sommes allées dans l'atelier pour en parler avec le personnel. Les couturières, et l'un des tailleurs, avaient tous moins de 30 ans. Nous étions tellement sûres de leur loyauté que jamais nous n'aurions pensé que l'un ou l'autre nous dénoncerait aux autorités en leur révélant notre proposition.

Ils ne furent pas surpris. C'était un cas de figure courant à Prague, même si nous ne pensions pas que ça nous arriverait aussi tôt. Une discussion animée suivit pour savoir qui devait être nommé propriétaire pour la forme. Mais la nuit porte conseil et nous finîmes par décider d'attendre le lendemain. Mes parents hésitaient à confier ce qui était leur unique source de revenus à un de leurs employés – aussi loyal soit-il –, alors que je trouvais que l'idée tombait sous le sens. Nous n'avions pas le choix. Nous pouvions aussi fermer l'entreprise, mais cela voulait dire vivre de nos économies pour une durée impossible à évaluer et condamner une douzaine de personnes au chômage.

Le lendemain, Marie, la plus ancienne de nos employés, se porta candidate pour la transaction. Un contrat secret fut rédigé par un avocat fiable, membre du réseau souterrain tchèque qui avait supervisé de nombreux transferts de ce type. Marie et moi devions toucher le même salaire et partager les bénéfices, mais, pour que la transaction soit plausible, l'avocat accorda à Marie un prêt qui lui permit de racheter l'entreprise. Nous remboursâmes l'avocat, et le contrat fut enfoui sous les fondations de sa maison de campagne. Un peintre d'enseignes fut chargé de changer les noms sur la plaque fixée à la porte.

La vie reprit, inchangée, sauf que les employés se mirent à donner du « Mademoiselle Marie » à Marie plutôt que de l'appeler par son prénom. Les clients, y compris les Allemands, acceptèrent la situation sans broncher. Certains se renseignèrent discrètement pour savoir si ma mère avait été équitablement traitée.

Le harcèlement systématique des Tchèques en général et des Juifs en particulier commença. Il s'agissait d'abord de savoir qui était juif : quiconque avait au moins deux grands-parents juifs l'était. Je découvris alors que j'en avais quatre. Ensuite, les Juifs furent bannis des lieux publics, et l'on vit apparaître des panneaux « Interdit aux Juifs » devant les restaurants, les cafés, les parcs à jeux, les piscines, les théâtres, les salles de concert, etc. Seul le fleuve nous était encore autorisé.

Les Juifs furent renvoyés de toutes les universités. Les médecins juifs ne pouvaient plus soigner que des patients juifs, et leurs cabinets furent confisqués un par un. Les entreprises qui appartenaient à des Juifs furent aryanisées. Le barreau national radia tous les avocats juifs. Certaines organisations et entreprises tchèques tardèrent à obtempérer. L'Orchestre philharmonique tchèque opposa une résistance exceptionnellement longue, qui dura presque un an. L'association de gymnastique nationale, le Sokol, obéit au décret, mais, à l'échelle régionale, de nombreux clubs firent discrètement savoir aux membres juifs qu'ils étaient toujours bienvenus.

Du jour au lendemain, on nous ordonna de porter une étoile jaune sur laquelle figurait le mot « Juif ». L'étoile devait être cousue sur le côté gauche de chaque vêtement d'extérieur à la hauteur du cœur. Quiconque refusait pouvait être arrêté sur-le-champ. Mon père et moi étions mortifiés. Mutti le prenait avec plus de philosophie. Qui sait si elle n'y voyait pas une punition pour le manque de respect vis-à-vis de nos ancêtres.

Suivit la confiscation de tous les bijoux, qu'il fallait apporter soi-même dans un certain nombre de lieux désignés. Puis celle des radios. Désormais, les Juifs n'étaient autorisés à prendre le tramway que dans le dernier wagon et ne pouvaient s'asseoir que si aucun Aryen n'était debout. Un an plus tard, seuls les Juifs travaillant et ayant une autorisation spéciale pouvaient monter dans le tram. Les autres se déplaçaient à pied.

Il est évident que certains Tchèques sympathisaient avec les Allemands et se réjouissaient de ces persécutions, mais la plupart de ceux avec qui j'étais en contact réprouvaient ces lois. Certains se faisaient un honneur de céder leur place à une femme juive dans le tram, mais ces gestes bienveillants créaient des situations embarrassantes. La ville de Prague était pleine d'Allemands habillés en civil. Des altercations avaient lieu dans les trams ou les bus, qui finissaient en bagarres s'il n'y avait que des Tchèques, mais tournaient nettement plus mal s'il y avait des Allemands. En attendant, les personnes opprimées se défendaient comme elles pouvaient. Les bijoux qui n'étaient pas assurés étaient planqués chez des amis aryens. Les grosses radios étaient cachées chez des voisins et des amis, mais on conservait les plus petites pour les écouter. Souvent on dissimulait une étoile jaune dans un livre ou un sac à main, quand on ne refusait pas de la porter.

Longtemps c'est ce que j'ai fait, jusqu'au jour où j'ai décidé de me faire refaire le nez, comme une précaution supplémentaire. Mon père et plusieurs de mes amis juifs me taquinaient parce que j'avais un nez prétendument juif. J'adorais le cinéma, et l'interdiction d'y aller était une des lois qui me coûtaient le plus. Si j'avais un nez normal et que je ne portais pas d'étoile, pensais-je, je passerais sans problème. L'opération a eu lieu et m'a valu quatre semaines de maux de tête. Je ressemblais à ma mère qui avait un nez droit, légèrement retroussé, mais je n'ai jamais pu aller au cinéma parce que, à peine je mentionnais l'idée, elle devenait folle d'angoisse.

4

En juin 1939, mes parents et moi avons été arrêtés par la Gestapo – à cause des bijoux de la mère de mon petit ami. Il s'appelait Pepik Solar, mais on l'appelait Joe. Sa mère avait caché des bijoux chez un certain major Z., un commandant de l'armée tchécoslovaque sous les ordres de qui Joe avait servi. Comme ils recherchaient Joe, ils nous ont tous interceptés.

Ce fut mon premier contact avec la Gestapo. Ils ont d'abord arrêté mes parents sans leur donner d'explications, puis moi, quelques heures plus tard, au moment où je rentrais d'une course. Ils nous ont interrogés chacun pendant douze heures, alors que mes parents ne comprenaient rien à ce qu'il se passait. Si je compare avec ce qui a eu lieu plus tard, je ne dirais pas que j'ai été maltraitée. Ils m'ont même offert du chocolat et des cigarettes – tout en menaçant de me tuer, moi ou mes parents, si je refusais de parler. Le soir même, ils nous ont embarqués dans une voiture avec deux types de la Gestapo. Ils nous ont conduits jusqu'à la prison de Pankrác et nous ont alignés face au mur avec une cinquantaine de personnes.

J'étais au milieu de mes parents. Derrière nous, des gardiens allaient et venaient d'un pas martial, jusqu'au moment où mon père s'est tourné vers moi avec un regard interrogateur. Il a été assommé par un gardien sur-le-champ, et ses lunettes ont valsé. Je me suis penchée pour les ramasser, quand j'ai entendu un hurlement m'ordonnant d'arrêter ; j'ai compris que j'avais intérêt à me tenir à carreau. À minuit, tout le monde a été réparti dans les cellules, et je me suis retrouvée avec deux dames plus âgées à qui j'ai dit que c'était une vaste erreur. Il était évident que nous rentrerions chez nous le lendemain matin. L'une d'elles semblait trouver ma déclaration réjouissante, mais l'autre a fait un vague geste de la main, trop déprimée pour me répondre.

La première s'appelait Marianne Golz et était très belle. Elle avait une superbe chevelure rousse et une assurance d'actrice, ce qu'elle était, j'allais bientôt le découvrir. La seconde s'appelait Ludmila et était mariée à un officier supérieur de l'armée tchécoslovaque, responsable au Sokol, qui avait fui le pays pour rejoindre l'armée tchèque libre à l'étranger. Elle était en prison depuis trois mois et n'arrêtait pas de se poser des questions sur le réseau qui permettait à des hommes comme son mari de fuir le pays au nez et à la barbe des Allemands.

C'était le jour et la nuit. Là où l'une était flamboyante et pleine d'esprit, l'autre était très digne et réservée. Alors que la moralité de la première laissait à désirer, la seconde était mariée depuis vingt-cinq ans, et avait un amour et un dévouement infaillibles pour son mari. En réalité, mes deux compagnes inattendues avaient plus de points communs que je n'aurais cru. Elles ont spontanément cherché à me protéger et à m'apprendre les fondamentaux de la détention sous contrôle allemand.

La première règle du jeu était de s'assurer que les interrogateurs n'apprennent rien sur vous qu'ils ne sachent déjà. « Ne reconnais jamais rien, me disaient-elles, surtout si c'est la vérité. Ne donne jamais d'information spontanément, peu importe la récompense qu'ils te promettent. »

Pour moi qui n'avais que 19 ans, Marianne était une aventurière et une *demi-mondaine* douée d'une grande sensibilité et d'une vraie compassion pour les autres, une femme casse-cou et follement courageuse. Le courage de Ludmila, lui, se manifestait dans la résistance silencieuse et passive qu'elle opposait à ses geôliers. Je suis persuadée que ni l'une ni l'autre n'ont jamais mis personne en danger pendant qu'elles étaient en prison. Marianne s'était opposée au nazisme dès le début. C'était une chrétienne qui avait épousé un journaliste juif à Vienne, lequel avait fui l'Autriche en mars 1938. Elle-même était restée à Vienne, avait obtenu rapidement le divorce en jouant sur les questions raciales et s'était tout de suite engagée à sauver ses amis.

Elle faisait passer leur argent et leurs bijoux en Suisse, et entretenait une aventure avec un officier SS à Vienne. Sa liaison lui permettait de brouiller les pistes et d'avoir des contacts parmi les SS haut placés en Autriche et hors d'Autriche. Tout marchait comme sur des roulettes jusqu'au jour où son bon ami fut promu et transféré ailleurs. Elle jugea plus prudent de poursuivre ses activités à partir de Prague, où elle entra en contact avec la Résistance tchèque. Hélas, une arrestation en entraînant une autre, quelqu'un parla et elle finit en prison avec Ludmila. Peu importe ses connaissances, elle n'arriva jamais à faire savoir qu'elle était détenue à Pankrác.

Fascinée par les histoires et la personnalité de Marianne, j'étais tout ouïe quand elle parlait du cauchemar des Juifs en Autriche et des méthodes des Allemands. Nous avions du temps et rien de mieux à faire, car les jours défilaient sans qu'aucune de nous ne soit convoquée pour être interrogée. Un jour, elle m'expliqua comment fonctionnait le système de confiscation, d'humiliation et de déportation qui avait déjà commencé à Vienne.

Elle ne savait pas où exactement les personnes étaient transportées, mais elle savait que le poids de leurs bagages était limité à 50 kilos et qu'il fallait abandonner le reste. Elle tenta de me convaincre de fuir si je sortais de prison. Et me persuada en effet qu'il était très imprudent de la part de mes parents de rester dans l'appartement voisin de l'entreprise où je travaillais. Non seulement Marie représentait un risque, mais l'appartement était grand et moderne, et ne tarderait pas à être confisqué. Nous serions obligés de déménager dans une pièce au sein d'un autre « appartement juif ».

Elle me livrait toutes ces informations en les pimentant d'épisodes incroyables de sa vie, dont certains mettaient mal à l'aise Ludmila, parce qu'ils n'étaient pas faits pour des oreilles de 19 ans. Mais toutes deux étaient d'accord pour dire que les nazis étaient des monstres contre lesquels il fallait se battre à tous les niveaux. Plus le temps passait, plus je les croyais. Tous les jours, pendant les vingt minutes de marche dans la cour auxquelles nous avions droit, je cherchais ma mère du regard. Malheureusement, je ne l'ai jamais vue.

Deux semaines après avoir été arrêtée, j'ai été convoquée pour un interrogatoire et libérée au bout d'une demi-heure. Des années plus tard, j'ai appris que Marianne avait été relâchée quelques semaines après moi parce qu'un de ses amis SS était rentré de voyage et avait été surpris de ne pas la trouver chez elle. Elle avait à nouveau été arrêtée en 1943, cette fois-ci sans recours. Elle fut décapitée dans la prison de Pankrác dans l'année. Je n'ai jamais su ce qui était arrivé à Ludmila.

5

Je suis rentrée chez nous, mais l'appartement était vide. Je me suis arrêtée devant le bureau de mon père. J'ai ouvert le tiroir supérieur et j'ai découvert, horrifiée, une liste des bijoux de ma mère avec l'adresse du major Z. Puis je suis tombée sur une fiole sans étiquette, d'apparence douteuse, qui contenait des pilules. Soudain, la sonnette a retenti et je l'ai glissée dans ma poche. C'était mon fiancé, Joe, qui me raconta ce qui s'était passé pendant et avant que je sois en prison.

Il avait pris contact avec un avocat tchèque en lien avec la Gestapo pour savoir pourquoi nous avions été arrêtés. Son frère, Paul, étant soupçonné de trafic de devises étrangères, deux agents de la Gestapo avaient fouillé son appartement. Ils avaient trouvé un bout de papier avec le nom et l'adresse du major Z., ainsi que des notes sur des bijoux ; du coup, ils avaient enfermé toute la famille de son frère sur place. Puis ils avaient interrogé la mère de Paul pour en savoir plus sur Joe. Elle leur avait dit qu'il était sans doute chez sa fiancée, c'est-à-dire moi. Ils nous avaient arrêtés, ils avaient confronté le major Z., puis l'avaient relâché en lui conseillant de ne pas s'encanailler avec des Juifs. Nous avions été libérées de Pankrác contre vingt mille couronnes tchèques, une rançon glissée au fond d'une enveloppe cachée dans un exemplaire de *Mein Kampf*. Mes parents avaient été libérés quelques heures après moi.

Chacun réagissait à sa façon à la détention. Mon père était furieux contre Joe et se récriait contre le fait d'avoir des listes qui pouvaient trahir des personnes non impliquées. Il a fallu que je lui montre celle que j'avais trouvée dans son bureau pour qu'il se calme. Joe en conclut que les Allemands pouvaient être achetés et que sa nouvelle connexion avec la Gestapo pourrait se révéler utile. Mutti était soulagée que je sois saine et sauve, et prête à pardonner tout à tout le monde.

Je leur ai répété ce que Marianne m'avait dit. Ils m'ont écoutée tout en me reprochant ma naïveté : qui sait si ce n'était pas un *agent provocateur* enfermé avec nous pour obtenir des informations ? Peu importe, j'ai suivi ses recommandations et je leur ai conseillé d'abandonner le grand appartement que nous avions dans le centre de Prague, de déménager notre entreprise et de trouver un logement plus discret et plus difficile à réquisitionner par les Allemands. Il valait mieux s'éloigner du centre et choisir la banlieue, où les rafles et les mauvaises surprises étaient plus rares. J'ai mis deux mois à convaincre mes parents, mais j'ai tenu bon, et ils ont fini par accepter.

Le 1er septembre 1939, date de la déclaration de guerre officielle, mon père a réagi en se réfugiant dans un monde rêvé, convaincu que les Alliés l'emporteraient. Il faisait 10 kilomètres à pied tous les jours pour aller écouter la BBC sur un poste caché chez un de nos employés. Il avait couvert les murs de cartes avec des drapeaux épinglés sur chaque position revendiquée par les Allemands et confirmée par la BBC. La situation avait beau être inquiétante, la déclaration de guerre le rendait plus optimiste que jamais. Cette année-là, à Noël, Joe m'a offert un chiot, Tommy, qui est devenu la mascotte de la famille et le fidèle compagnon de mon père quand il sortait à la pêche aux nouvelles.

Au début de l'année 1940, quand la guerre a franchi une étape supplémentaire, Joe s'est engagé dans la Résistance. Il était chargé d'évacuer d'anciens membres de l'armée tchécoslovaque pour leur permettre de rejoindre les forces antinazies à l'étranger. Lui-même avait été rendu à la vie civile juste avant l'Occupation. À l'époque, quand il était sous les drapeaux, c'était un garçon insouciant qui ne prenait pas l'armée très au sérieux. Mais l'Occupation allemande l'avait métamorphosé. Il culpabilisait d'avoir à envoyer des hommes au casse-pipe et, dès la fin du mois d'avril, il décida de rejoindre les unités de volontaires de plus en plus nombreuses.

La voie de sortie de ces jeunes résistants avait été étudiée et jugée relativement sûre. Un commandant patriote accompagnait des groupes de cinq à dix hommes jusqu'à la frontière hongroise, en passant par la forêt. De là, ils allaient en Yougoslavie, puis jusqu'en

Palestine ou en Angleterre, où l'on venait de former un gouvernement tchèque en exil.

À la maison, le départ de Joe donna lieu à de longs adieux en larmes. Même mon père était ému et reniflait. Puis il est parti, sans oublier de faire envoyer deux paniers de fleurs au nom de Mutti et du mien le lendemain.

Trois jours ont passé sans que nous ayons de ses nouvelles. Nous étions persuadés qu'il était bien arrivé et content. Une semaine plus tard, je rentrais du travail quand Mutti m'a annoncé que j'avais une visite. C'était Joe, avec une barbe d'une semaine, une odeur de transpiration et de purin, et l'air plus malheureux que jamais. Son groupe avait eu un problème et avait été intercepté par une patrouille allemande. Certains avaient été capturés, plusieurs avaient été fusillés, Joe et un copain avaient réussi à s'échapper et à rentrer à pied à Prague, en profitant du soutien de fermiers qui les avaient pris en charrette et leur avaient donné des vivres. Ils avaient parcouru 650 kilomètres en traversant des champs et en empruntant des petites routes. Il n'avait aucun moyen de savoir si les Allemands les recherchaient et ne pouvait loger ni chez sa mère ni chez nous. Il était même devenu dangereux pour la Résistance.

Joe s'est réfugié plusieurs semaines en montagne, en passant d'un chalet d'ami à un autre. Avant son départ, nous avions décidé de nous marier. J'étais navrée pour lui ; en même temps, je le trouvais héroïque. J'avais toujours adoré son sens de l'humour. Quelle que soit la situation, il me faisait rire. C'était mon camarade de jeu préféré. Par ailleurs, les Juifs étaient soumis à un couvre-feu dès 20 heures ; or j'avais 20 ans, et mes parents et mon petit chien ne suffisaient pas à me tenir compagnie.

6

À peine ai-je annoncé à mes parents mes fiançailles avec Joe que mon père a hurlé et l'a accusé de lui voler sa fille. Mutti était rassurée que je me marie et que je vive avec quelqu'un de mon âge, parce que la période était rude. Le jour où Joe est sorti de clandestinité et rentré, nous avons tous décidé de quitter le centre de Prague. Le propriétaire était ravi : il louerait sans problème son appartement à des Tchèques.

Nous avons trouvé un minuscule appartement – deux pièces, une cuisine séparée, mais pas de chauffage central – à la lisière de la ville, dans le quartier de Barrandov, près des studios du même nom. C'était un peu loin de tout, mais il y avait des bois et des champs où l'on pouvait se promener. L'endroit était bien pour un jeune ménage, mais nous y avons emménagé avec mes parents pour éviter d'occuper trop d'espace. Nous avons vendu certains meubles et entassé le reste dans le nouvel appartement. L'entreprise, elle, avait désormais une nouvelle adresse au centre de Prague.

Nous nous sommes mariés le 20 août 1940. Les mariages juifs n'avaient plus lieu dans le magnifique hôtel de ville de Prague, mais dans une petite mairie de la périphérie de la ville. Nous n'avions plus le droit de prendre des taxis, mais je refusais de monter dans le tramway avec l'énorme bouquet de roses blanches que Joe m'avait offert. Nous avons résolu le problème en demandant à l'un de nos apprentis de le porter pour moi dans un sac de courses.

Compte tenu de la situation, j'avais décidé de porter une petite robe noire, mais j'avais un chapeau bleu pâle absurde que j'avais apporté dans un sac en papier et que je n'ai mis que face au photographe dans la salle d'attente. Tous mes employés et mes amis étaient présents, et le bureau de la mairie était comble. Nous avons déjeuné au Père Louis, un restaurant où nous allions à l'époque où Joe me faisait la cour, dont le propriétaire contournait les lois antijuives en fermant « pour cause de maladie ».

Nous avons passé quatre jours de voyage de noces à Zlín, une ville industrielle affreuse, siège des usines Bata et du seul hôtel du pays qui acceptait les clients juifs. Et encore, nous étions obligés de prendre nos repas dans notre chambre, car il était impensable d'aller dans la salle à manger. Une fois les quatre jours passés, c'en était fini de la lune de miel et de l'intimité. Nous sommes rentrés dans le petit appartement familial où j'étais toujours la « fille » de mes parents, et où mon mari était comme un enfant adopté.

J'étais la seule de la famille à faire bouillir la marmite. Un an s'était écoulé, et notre ancienne employée, Marie, n'était plus tout à fait la même. Du jour au lendemain, elle s'était retrouvée à la tête d'une entreprise florissante et bénéficiait d'un statut dont elle n'aurait jamais osé rêver. La propagande antisémite de l'occupant avait alerté cette brave fille sur les risques qu'elle prenait en nous employant, ma mère et moi, voire justifiait à ses yeux cette inversion des rôles. Les Allemands avaient gagné la guerre et rien, pas le moindre signe, ne laissait penser que le statu quo ne durerait pas tant que nous serions en vie.

Après notre déménagement à Barrandov, Marie s'est mis en tête que la présence d'un seul représentant de la famille Rabinek suffirait à conserver les anciens clients de la maison. Mes parents n'avaient donc plus de travail. Mon mari, lui, n'avait plus d'emploi stable depuis l'Occupation. Notre situation était précaire. Nos économies diminuaient à vue d'œil et nous achetions de quoi vivre, nourriture et autres, au marché noir. La Tchécoslovaquie, qui exportait des produits agricoles et de la viande, fut soumise aux cartes de rationnement. Tout était siphonné par l'occupant pour être envoyé au Reich. Les cartes de rationnement juives étaient estampillées *J*, et les heures d'ouverture des magasins réservées aux Juifs étaient réduites à deux heures l'après-midi – quand il ne restait plus grand-chose.

La valeur de la monnaie tchèque fondait de jour en jour, de même que le prix des bijoux et des objets d'art, à cause d'une offre excédentaire. Celle des devises étrangères fusait. Tous les matins, j'allais au bureau à bicyclette avec un sac à bandoulière pour cacher mon étoile jaune et j'observais discrètement Marie pour jauger son humeur. Allait-elle me débaucher dans la journée ? Le lendemain ? La semaine suivante ? Quand ?

Six mois après notre mariage, j'ai compris que j'étais enceinte. Ou, plutôt, ma mère l'a compris, voyant que mon visage n'avait plus tout à fait la même expression. Je suis allée chez le médecin qui confirma son diagnostic. Mon père pensait qu'il était irresponsable d'avoir des enfants dans une époque aussi dangereuse et exigea que je me fasse avorter le plus tôt possible. Pour une fois, j'étais d'accord. Je n'avais aucune envie de garder le bébé. J'avais 20 ans, quatre personnes à charge, et je voulais profiter de la vie autant que faire se peut, vu les contraintes. Par ailleurs, mon mari était mon petit camarade de jeu préféré, et l'idée qu'il soit père me faisait rire.

Au contraire, lui était ravi par la nouvelle et hostile au moindre argument contre la naissance de l'enfant. Mutti était soudain sentimentale, enthousiasmée à l'idée d'avoir un petit-enfant, mais inquiète à cause de la période. En Tchécoslovaquie, l'avortement était interdit par la loi, laquelle était régulièrement contournée, mais les médecins juifs n'avaient plus de cabinet, et les médecins chrétiens n'avaient pas le droit de recevoir des patients juifs. Grâce à un de ses copains de régiment, Joe trouva un jeune gynécologue tchèque qui accepta de prendre en charge l'opération, mais elle aurait lieu un samedi dans son cabinet, et il ne pourrait pas me donner trop de produits anesthésiants. Il faudrait que j'entre et que je sorte le plus vite possible. Sa femme lui servirait d'assistante.

La veille de l'opération, la mère de Joe succomba à une crise cardiaque. Il a quand même eu le courage de me rejoindre chez le gynécologue en me suppliant jusqu'au dernier moment de revenir sur ma décision. À peine l'opération finie, on m'a glissée comme un paquet dans la voiture d'un ami avant de me ramener à la maison. Mutti était dans tous ses états et n'arrêtait pas de surveiller ma température. Joe était profondément secoué, mais j'étais trop repliée sur moi pour prendre la mesure du traumatisme qu'il venait de vivre. Les relations entre ma belle-mère et moi n'avaient jamais été très affectueuses. Elle me reprochait de m'intéresser plus à mon entreprise qu'aux chemises de Joe ou à la cuisine. Je ne pouvais lui pardonner la bêtise qui avait valu à mes parents de se retrouver aux mains de la Gestapo. Pour sauver les apparences, deux jours plus tard, il a fallu que j'assiste aux funérailles. J'étais tellement épuisée et hagarde que tout le monde croyait que je pleurais sa disparition.

7

La vie a repris son cours, et nous avons passé un an loin des tensions et des rumeurs du centre de Prague. Mes parents sortaient se promener avec mon chiot, Tommy, jusqu'aux limites de la ville, car les Juifs n'avaient plus le droit d'aller au-delà. Mon père et Joe jouaient aux échecs et suivaient l'évolution de la guerre sur leurs cartes. Le fleuve était encore ouvert aux Juifs, et cet été-là nous allions souvent y nager. Il y avait un café assigné aux Juifs avec un combo où nous avons dansé – un samedi après-midi. On s'habituait à cette vie soumise aux interdits. Nous avons fêté la Saint-Sylvestre de l'année 1940 avec nos voisins, deux jeunes ménages juifs qui vivaient toujours chez eux. Nous avons levé nos verres en souhaitant que la guerre finisse le plus tôt possible.

Ce genre de soirées était rare et relativement risqué, car en face vivait un Allemand des Sudètes nommé Lachmann, un collaborateur qui passait son temps à la fenêtre pour surveiller les quatre familles juives de la rue. À cause du couvre-feu, nous attendions que la nuit tombe et nous marchions avec des pantoufles pour éviter d'attirer son attention. Mais ce cerbère autoproclamé nous épiait jour et nuit. Il vérifiait que nous respections les heures d'ouverture réservées aux Juifs à la petite épicerie du coin. Il avait une dent contre Tommy, et partout où il allait dans le quartier il insinuait que les Juifs ne devraient pas être autorisés à avoir des chiens pour leur plaisir.

En octobre 1941, nous avons entendu parler des premières déportations de Juifs. On disait que seules les familles les plus aisées étaient raflées et envoyées à Łodz, en Pologne occupée, mais aussi qu'elles n'allaient pas trop mal, si bien que ça ne nous paraissait pas le sort le plus épouvantable, à part le déplacement. Les Juifs restés à Prague comparaient la déportation au transfert obligatoire dans l'ancien ghetto où vivait la majorité des leurs, chaque famille étant réduite à une pièce. De notre côté, nous étions toujours à l'abri au fin fond de Barrandov.

Prévoyantes, les mères de famille juives commençaient à faire des biscuits et à stocker du sucre et toutes sortes de graisses – au cas où. On se mettait à teindre les draps et les taies dans des couleurs sombres pour économiser le savon, vu l'avenir incertain qui se profilait. Les gens achetaient de grands ballots à un prix exhorbitant pour empaqueter leurs affaires dans les vingt-quatre heures si cela était nécessaire. Chaque fois qu'un membre de la famille quittait l'appartement, il ou elle avait un paquet qui contenait des objets précieux – une couverture, un objet en porcelaine, un tableau privé de son cadre – qu'il allait déposer chez un ami chrétien fiable. Joe et moi, nous avons déménagé toute notre bibliothèque en emportant les livres un par un.

C'était aussi un moyen de s'occuper et d'éviter de se poser trop de questions, même si, curieusement, je travaillais encore. Je souriais aux clients fidèles, dont des Allemands qui affirmaient ne pas avoir la moindre animosité envers moi ni ma mère, et n'oubliaient jamais de me demander de la saluer. Les clients tchèques étaient un rayon de soleil et me proposaient de l'aide. Nous avons déposé de nombreux objets de famille chez les uns et les autres. Par ailleurs, ils tenaient à rappeler à Marie que c'était pour moi qu'ils continuaient à venir dans notre salon. C'est grâce à eux, ces clients, mes camarades de lycée et ceux avec qui je faisais du sport, que j'ai gardé foi en l'humanité.

Frustré de savoir que je faisais vivre la famille, Joe s'était associé à une bande de lascars qui échangeaient des devises étrangères au marché noir pour se faire un peu de sous. Enhardis par leur succès, les garçons baissèrent la garde et, en février 1942, ils furent tous arrêtés et condamnés à cinq mois de prison. La situation était inquiétante, et elle empira encore après l'assassinat du *Reichsprotektor* Reinhard Heydrich par la Résistance tchèque.

Dès le mois de juin, les nazis se déchaînèrent, terrorisant la population, passant la ville au peigne fin pour trouver les coupables, arrêtant des centaines de gens et choisissant tous les jours des prisonniers au hasard pour les fusiller dans la cour.

Au début, Joe arrivait à me faire parvenir des messages en passant par un gardien tchèque tellement fiable qu'à la fin du mois de février, j'ai reçu un bouquet de lilas blanc de plus d'un mètre de hauteur pour mes 22 ans. J'avais le droit de lui rendre visite une fois par semaine et de lui apporter des vêtements et de la nourriture. Il me bombardait de messages en me suppliant de le faire sortir. Mon père n'avait que mépris pour ces appels à l'aide : il jugeait « indigne d'un homme » de demander du secours à une femme dans une situation aussi dangereuse. Vu les risques qu'il avait pris au marché noir, disait-il, il avait ce qu'il méritait.

Je n'en revenais pas de voir que mon père acceptait encore les règles et les diktats des Allemands comme s'il s'agissait du droit, voire de la justice. Nous étions conditionnés à penser que leurs centaines de décrets tous plus absurdes les uns que les autres faisaient partie de la vie. Même les Juifs n'étaient pas immunisés contre la machine de propagande nazie.

La destruction du village de Lidice en représailles à l'assassinat d'Heydrich fut un tournant. Il devint plus difficile d'avoir accès à des gens qui acceptaient de vous aider en sous-main. C'était en juin 1942, je ne trouvais personne prêt à prendre des risques pour Joe. J'étais d'autant plus inquiète que je n'arrêtais pas de me chamailler avec mon père. Pour la première fois de ma vie, je m'opposais frontalement à ses critiques souvent injustes. Mutti tâchait de veiller à la bonne entente familiale et jouait le rôle de paratonnerre. Jusqu'au jour où Marie m'annonça qu'au vu de la précarité de la situation, il était hors de question que je continue à travailler dans l'entreprise. Mon orgueil en a pris un tel coup que je ne lui ai pas demandé un sou.

Ne sachant que faire de tout ce temps libre, je me suis mise à briquer l'appartement, cirant et polissant tout ce qui me tombait sous la main. J'ai appris à cuisiner avec les rares denrées auxquelles nous avions droit, essentiellement des légumes. Plus jamais je ne mangerai de gâteau aux carottes, de goulasch de pommes de terre, ni du moindre plat de cette époque.

Un jour, par dépit, j'ai attaché une étoile de David autour du cou de Tommy en lui expliquant qu'il était juif. J'étais sur le point de sortir quand Mutti m'a rappelée à l'ordre et m'a obligée à la retirer. Arrivée dans les champs, j'ai détaché sa laisse, et Tommy a disparu de ma vue. J'ai eu beau siffler et l'appeler, je suis rentrée bredouille. Je ne me faisais pas trop de soucis, parce qu'il adorait gambader et finissait toujours par rentrer. Le soir, voyant qu'il n'était toujours pas revenu, nous avons commencé à nous inquiéter, mais le couvre-feu nous obligeait à attendre le lendemain matin pour partir à sa recherche. Nous avons cherché dans toutes les directions, à notre retour Mutti était en larmes, sur le seuil de la porte. Lachmann avait vu le chien et, soi-disant parce qu'il l'avait pris pour un lapin, il lui avait tiré dessus. Nous avons versé plus de larmes pour le chien que pour ma belle-mère, et sa disparition n'a fait qu'augmenter mon sentiment de catastrophe imminente. J'en venais à rêver que quelque chose arrive, n'importe quoi pourvu que ça change.

8

Le changement a eu lieu plus tôt que prévu. Mi-juillet, Joe, parvenu à la fin de sa peine, est sorti de prison. Deux semaines plus tard, le bordereau bleu que nous redoutions tous nous attendait au pied de la porte : il était convoqué pour être envoyé à Theresienstadt. Son convoi était exclusivement réservé aux hommes jeunes, qui devaient construire une extension allant de la station de chemin de fer de Bohušovice à Theresienstadt, une garnison militaire construite par l'empereur Habsbourg Joseph II au XVIIIe siècle et baptisée ainsi en l'honneur de sa mère, l'impératrice Marie-Thérèse.

Nous savions que des transports avaient lieu, mais le départ de Joe était un signe : il était évident que nos jours étaient comptés. Puis, du jour au lendemain, les convois se sont arrêtés, et nous en avons profité pour me faire opérer des amygdales. Il était temps, cela faisait des années que je repoussais l'intervention parce que j'avais peur.

Mon père est allé à pied jusqu'au centre-ville pour se renseigner auprès des bureaux de la communauté juive qui distribuaient les bordereaux. Il voulait savoir s'il y avait des convois prévus dans les deux ou trois semaines suivantes. Apparemment, il n'y en n'avait pas, si bien qu'un matin je suis entrée dans le seul hôpital juif de Prague. À 8 heures, j'ai été opérée sous anesthésie locale, mais le médecin a eu un problème et l'opération a duré presque deux heures. L'après-midi, je dormais quand un ami de Joe qui était infirmier est venu me réveiller en faisant une drôle de tête. Il a hésité, mais il a fini par me dire que le jour même avait eu lieu un appel. Mes parents et moi étions sur la liste des déportations.

Il m'a expliqué que j'étais exemptée parce que je venais d'être opérée. J'ai réfléchi, mais n'ai pas mis longtemps à me décider. J'étais trop attachée à mes parents. Par ailleurs, j'avais envie d'un changement, et qu'est-ce que je ferais si j'étais seule à Prague ? Combien de fois j'avais rêvé de me débarrasser de mes parents ! Mais c'était avant, j'étais plus jeune…

J'avais conscience du lien et de la dépendance qui nous unissaient et je me sentais responsable d'eux, comme si c'étaient mes pupilles. L'idée qu'ils soient seuls à Theresienstadt m'était encore plus intolérable que la douleur dans ma gorge. J'ai préféré sortir de l'hôpital dès le lendemain, sans tenir compte de l'avis des médecins. Avant même que mes parents viennent me rendre visite, je les aidais à faire leurs bagages.

Deux jours plus tard, nous avons pris le tramway pour aller au Palais de l'Industrie. Exceptionnellement, parce que c'était la dernière fois, nous avions le droit de traverser notre ville adorée. Nous avons longé le fleuve et nous sommes passés devant les parcs à jeux de mon enfance, le Théâtre national, le château de Prague, hanté par le fantôme de Masaryk[1] malgré la croix gammée flottant au vent, le pont Charles, dont j'aimais chaque saint comme un ami. Jamais je n'avais compris à quel point j'étais attachée à la ville où j'avais grandi. Nous étions silencieux, conscients que c'était notre dernière traversée de Prague. Isolés, mais liés chacun par nos souvenirs.

1. Tomáš Masaryk est le premier président de la Tchécoslovaquie. Il dirige le pays de 1918 à 1935.

9

J'avais dû m'endormir, parce que je me souviens que Mutti m'a secouée doucement en me disant qu'il fallait se réveiller et se mettre en rang pour être comptés avant d'aller à pied jusqu'au train.

Il était 4 heures du matin. Nous avons traversé les rues assoupies, serrés les uns contre les autres, jusqu'à la gare de triage, loin, le plus loin possible de la vue des habitants. Vieux, jeunes, tous avaient une étiquette avec un numéro attaché autour du cou. Chargés comme des mulets, nous avancions à pas de tortue, au grand dam des escortes de SS qui nous poussaient en hurlant *Schneller, Schneller, Saujuden, Bewegung*[1]. Arrivés au pied du train, c'était la confusion. Il fallait déposer les valises dans un wagon à part, car seuls les bagages à main étaient autorisés, mais personne ne voulait se séparer de ses affaires. Les enfants étaient perdus, puis retrouvés, en larmes, peu importe, cette immense cargaison humaine est enfin montée à bord du train, et les portes se sont fermées. Il y a eu de nouveaux

1. « Plus vite, plus vite, sales Juifs, on se bouge. »

cris, de nouveaux retards, mais le départ a fini par se faire. Theresienstadt était à 80 kilomètres à peine, mais il était midi quand le train est arrivé.

Le train s'est arrêté à Bohušovice, et nous avons vu une compagnie de gendarmes tchèques au garde-à-vous, deux ou trois douzaines de SS qui surveillaient, eux et/ou nous, et une foule de prisonniers qui étaient là pour le déchargement et la supervision des opérations. Beaucoup étaient des amis ou des parents des déportés, dont l'un m'a tout de suite conseillé de garder le plus d'affaires possible parce qu'il y avait peu de chances qu'on retrouve les bagages plus volumineux. Il en a profité pour me dire que Joe m'attendait dans le ghetto.

Le soleil d'été était au zénith, mais nous étions habillés comme si nous allions en Sibérie, pour avoir le plus de vêtements chauds possible. Ployant sous le poids de nos sacs à dos, trimballant tout ce qu'il était possible de trimballer, nous avons entamé les 6 kilomètres les plus longs de notre vie. Nous avancions lentement, péniblement, ralentis par les retardataires houspillés parce qu'il fallait former un semblant de colonne ordonnée. Un soleil impitoyable tapait sur la route.

Les gens trébuchaient et s'écroulaient, ramassés par des parents ou des jeunes du ghetto. C'était un spectacle d'une horreur absolue ; la seule chose qui comptait était d'arriver à faire un pas de plus. J'avais la gorge en feu à cause de mon opération, mais j'étouffais de pitié en voyant mon père dont les artères tremblaient et ma mère qui semblait rétrécir sous le poids de son barda. Jamais, ni avant ni après, je n'ai autant haï les Teutons. Leurs hurlements avaient cessé. Le cortège avançait dans un silence macabre. J'ai cru que ça durerait une éternité, jusqu'à ce qu'on finisse par arriver devant les portes du ghetto.

Theresienstadt était une ville fortifiée qui avait été prévue pour une garnison de 3 500 hommes. Du temps de la République, c'est le nombre de soldats qui y effectuaient leur service militaire, outre 1 500 civils, essentiellement des commerçants et des aubergistes et leurs familles. L'été 1942, 35 000 Juifs y ont été internés.

Ce jour-là, on nous a fait traverser la « Grand-Rue » du ghetto jusqu'à un remblai extérieur où se trouvaient des étables aux plafonds voûtés et jonchées de paille sale. Voilà où nous serions en quarantaine. Quarantaine pour quoi ? J'avais essayé de repérer Joe en arrivant, mais en vain. Déçue, épuisée, je me suis jetée par terre, refusant de parler et d'ouvrir les yeux.

Courageuse, Mutti cherchait de l'eau des yeux, en essayant de convaincre mon père de manger un morceau et de m'arracher à ma stupeur. L'Occupation avait réveillé chez elle une force au moins égale aux épreuves que nous traversions. Alors que je la voyais comme une petite chose fragile et sensible à la maladie, réelle ou imaginaire, elle se révélait solide et vaillante, et n'émettait jamais la moindre plainte. Peu à peu, ses mots ont fini par réveiller mon cerveau hébété et à faire sens. Elle savait que Joe était débrouillard et n'aurait aucun mal à nous retrouver. Par ailleurs, les latrines étaient un lieu idéal pour se voir, puisque tout le monde y allait, non ?

Elle avait raison. Nous sommes allées dans ce trou puant et il était là, caché derrière une palissade en bois. D'après ce qu'il avait entendu dire, notre convoi était en transit et nécessitait quelques ajustements, mais, d'ici quarante-huit heures, il repartirait pour une destination inconnue. Il nous suppliait de ne pas trop nous inquiéter : nous serions épargnés puisqu'il faisait partie de ceux qui construisaient la voie ferrée allant de Bohušovice au ghetto. C'était un chantier important, les familles des ouvriers ne seraient pas déportées plus loin. Ce qu'il ne dit pas, sans doute parce qu'il ne le savait pas, c'est que la seule personne considérée comme sa famille proche, c'était sa femme, sûrement pas ses beaux-parents.

La vie à Theresienstadt était supportable, dit-il, même si le lieu était bondé. Une fois libérés de notre quarantaine, nous serions assignés à des quartiers permanents et nous nous adapterions à ce nouvel environnement.

Nous sommes retournées dans les étables, plus ou moins rassurées, et nous avons retrouvé mon père assis par terre en tailleur, désespéré. Toutes sortes de rumeurs circulaient, disant que Theresienstadt n'était que la première étape d'un exode beaucoup plus lointain. Peu après, on nous a distribué des bordereaux roses. Il était donc évident que les rumeurs étaient fondées.

Quelques personnes, dont j'étais, ont eu droit à un bordereau blanc signifiant qu'elles restaient à Theresienstadt. J'ai essayé de rassurer mes parents en leur expliquant que c'était une erreur et que Joe allait la réparer, mais ils n'y croyaient plus. Mon père est mort à cet instant, j'en suis convaincue, même s'il vécut quelques jours supplémentaires.

Lui qui était un grand seigneur, officier de l'armée territoriale impériale-royale autrichienne, esthète, il était là, piteux, assis dans la paille, à mes pieds. Le visage inondé de larmes, il m'a avoué tout ce que sa fierté et ses inhibitions lui interdisaient d'avouer depuis vingt-deux ans. Sa fille était le centre de son univers, il y tenait comme à la prunelle de ses yeux, et jamais il ne pourrait vivre sans elle. Mutti et moi étions abasourdies par son flot de paroles. Jamais nous n'avions vu un tel épanchement de sa part. Le père que je connaissais ne m'embrassait que s'il partait plus longtemps que d'habitude, et uniquement sur le front.

Emporté par un brusque élan de défiance, il a ajouté qu'il n'attendrait pas que les nazis les assassinent, ni lui ni ma mère. Il a tapoté sur sa poche de poitrine avec un drôle d'air, en affirmant qu'il avait de quoi les sauver avant que la situation ne vire au cauchemar : une fiole de poison.

Je n'aurais pas dû, mais je lui ai avoué qu'après notre arrestation à Prague, j'avais trouvé la fiole sur son bureau. Comme j'avais des doutes sur ce qu'elle contenait, je l'avais confiée à une pharmacie pour qu'ils l'analysent et j'avais remplacé les cachets par de la saccharine. Pour la dernière fois de ma vie, j'ai vu mon père piquer une colère noire et me reprocher d'être une sale gamine qui n'avait pas le droit de fouiller dans ses affaires.

Je n'en menais pas large. Mutti était blanche comme un linge, et j'ai compris qu'elle était au courant et aussi désespérée que lui. Soudain, j'ai mesuré l'énormité de mon geste. Loin de protéger mon père, je l'avais privé de la dernière possibilité qu'il avait de décider de son sort et d'agir en homme libre. J'aurais voulu m'expliquer. J'aurais voulu leur dire que j'avais échangé les cachets parce que je ne supportais pas l'idée de vivre sans eux. J'aurais voulu leur dire que je les aimais. Mais j'étais coite, incapable de prononcer le moindre mot.

Je suis allée voir les responsables juifs en les suppliant de revenir sur mon exemption et de me laisser partir avec mes parents. Non seulement il était hors de question de discuter avec la Kommandantur, disaient-ils, mais n'étais-je pas un peu folle ? Plusieurs heures ont passé, j'avais l'impression que le temps s'éternisait et filait en même temps. J'essayais de me persuader que Joe avait raison, que les deux bordereaux blancs apparaîtraient comme par miracle et sauveraient mes parents.

Une journée a suivi. La composition des transports a été remaniée, parce que de nouveaux arrivants devaient remplacer les personnes destinées à partir. Étrangement, Mutti a compris qu'il était inutile de s'embarrasser de toutes les affaires éparpillées autour de nous. Elle a mis ses vêtements les plus chauds et n'a préparé qu'un petit sac contenant de quoi grignoter pendant le voyage. Je devais garder tout le reste à Theresienstadt.

Une fois les questions pratiques réglées, elle m'a confié très calmement : « N'oublie pas ce que ton père t'a dit hier soir. Je comprends que tu aies fait ce que tu as fait. J'aurais sans doute eu le même réflexe il y a trois ans. Tu es une femme, tu dois rester avec ton mari. Ton père et moi, nous avons vécu. Nous avons eu des années merveilleuses, tu as été une immense source de fierté et de joie. Quel que soit ce qui nous attend, nous devons l'affronter ensemble, seuls. Tu es très jeune, tu n'as qu'un devoir vis-à-vis de nous, survivre. Ta vie est devant toi. Je te fais confiance, tu seras courageuse, forte, tu vivras assez longtemps pour être témoin du châtiment de ces hommes mauvais. Que Dieu te bénisse, ma petite fille chérie. »

L'appel a retenti pour que les autres se mettent en rang et retournent à pied à Bohušovice.

Nous nous sommes embrassés en silence, et j'ai accompagné mes parents jusqu'à la porte du bâtiment, mais je ne pouvais plus les lâcher. Je sanglotais, je hurlais, je voulais partir avec eux, jusqu'au moment où j'ai entendu un *Non !* calme et ferme de la bouche de Mutti. Les garçons du ghetto m'ont coincée des deux côtés pour éviter que la scène attire l'attention des Allemands dans la cour. Mes parents se sont éloignés, chacun tenant une poignée de leur petit sac de provisions. Ni l'un ni l'autre ne s'est retourné. Une douleur insoutenable a fusé en moi, et je me suis écroulée. Je pleurais toutes les larmes de mon corps.

10

Le convoi qui emportait mes parents a disparu. Ils ont déplacé ceux qui restaient à l'intérieur du ghetto avant de leur attribuer un baraquement. Je me suis retrouvée dans le grenier d'une énorme bâtisse appelée la Hamburger Kaserne, où chacun avait droit à un matelas. Le mien était posé sur mes deux valises apparues comme par miracle, sans doute grâce à des amis de Joe.

Leur installation avait un inconvénient, c'est que toute personne ayant plus de 10 ans avait la tête ou les pieds qui traînaient par terre. Il aurait été plus simple de dormir au sol ; en même temps, le matelas était un bon moyen pour protéger son corps et ses affaires.

Plus tard dans la journée, les responsables du travail ont débarqué. Theresienstadt était un camp autogéré mais étroitement surveillé et contrôlé par la Kommandantur allemande. Il comprenait un Conseil des Anciens juif et une hiérarchie très spécifique. Les derniers arrivés avaient droit à cent jours des corvées les plus dures et les plus ingrates. C'est ainsi que j'ai été nommée assistante-infirmière et assignée à un baraquement de personnes âgées, de malades et d'aliénés.

Le lendemain soir, je suis allée me présenter pour mon premier roulement de vingt-quatre heures, en larmes, toujours en état de choc, et je suis tombée sur une infirmière non professionnelle responsable d'un étage entier. Elle était à Theresienstadt depuis plus de six mois et s'était adaptée à cet environnement sinistre en acquérant un cuir suffisamment épais pour ne pas devenir folle. Compétente, très occupée, elle n'avait aucune compassion pour les gens comme moi.

L'intérieur du baraquement était sombre. Seules luisaient quelques ampoules nues au milieu d'interminables couloirs. Les fenêtres étaient toutes fermées, et les stores étaient tirés à cause du *black-out*. Personne n'avait le temps de m'expliquer ce que je devais faire – je n'entendais qu'une avalanche d'ordres hurlés : apporte de l'eau à ce patient, donne une bassine à celui-là. Une centaine de personnes qui ressemblaient à des spectres gisaient sur leurs grabats, inertes, ou tournaient en rond à la recherche de nourriture et d'eau. Deux épidémies – la dysenterie et la fièvre typhoïde – faisaient rage. Le taux de mortalité était élevé, et les patients encore en vie ressemblaient à des squelettes. La plupart avaient une fièvre redoutable et ne cessaient d'arracher leurs vêtements et d'errer nus dans les couloirs. Chaque fois que je regardais quelqu'un, j'avais l'impression de voir le visage de ma mère ou de mon père. L'odeur était pestilentielle, et je ne savais par où commencer au milieu de tous ces cris.

Vers minuit, j'étais persuadée qu'il y avait des morts dont les fantômes essayaient de m'entraîner avec eux dans l'abîme. Voyant que je vomissais, ma supérieure a pesté en disant que c'était bien le genre d'aide dont elle avait besoin avant de s'éloigner d'un air dégoûté. Elle avait raison, si j'avais pu, j'aurais fondu et disparu dans le sol. Je ne sais pas comment j'ai fait, mais j'ai survécu à cette nuit-là, puis à d'autres, aussi atroces, quoique submergée par les événements et les émotions, et incapable de mettre fin à mon torrent de larmes silencieuses.

J'ai passé plusieurs jours dans le grenier avant d'être définitivement envoyée au troisième étage de l'Hamburger Kaserne, un grand baraquement avec trois niveaux de couchettes doubles comprenant à peu près soixante-douze femmes. Une ancienne du dortoir était chargée de la surveillance. On m'a expliqué que mon espace était au niveau intermédiaire d'une couchette située au centre. Quand soudain un visage jeune, adorable, avec un halo de cheveux blanc neige, est apparu, souriant face à moi.

La jeune femme s'est présentée, elle s'appelait Margot et était originaire de Breslau, en Allemagne. « Je t'aiderai à t'adapter, me dit-elle. C'est moins dur que ça en a l'air. Attends, tu verras. » Elle m'a aidée à ranger mes affaires sur une planche en bois derrière la tête de lit, en m'expliquant qu'elle était couturière dans le foyer d'enfants et que son mari travaillait sur la voie ferrée en tandem avec Joe. Ça faisait cinq semaines à peine qu'elle était là, mais elle avait un emploi du temps régulier et, à mon grand étonnement, elle avait l'air relativement heureuse.

Rassurée par son accueil chaleureux, je lui ai raconté les dix jours effroyables que je venais de passer. Elle ne m'a pas offert de fausse consolation. Avec une délicatesse que j'allais toujours apprécier, elle m'a prise dans ses bras et m'a serrée contre sa poitrine. J'ai tout de suite compris que nous serions amies pour la vie.

La nuit est tombée, et nos codétenues sont rentrées du travail. Dans la couchette au-dessus de la mienne dormait une certaine Madame T., un des cas les plus aberrants du ghetto. Mariée à un riche bijoutier de Prague, Madame T. s'était convertie au catholicisme et récitait scrupuleusement ses prières. Elle se prenait pour une sainte des derniers jours, élue par Dieu, et portait son internement comme sa croix. En dessous était installée la petite-fille du grand-rabbin de Bohême. Elle avait 16 ans, c'était la fille de la plus ancienne du dortoir, et toutes deux étaient des femmes bienveillantes et douces.

Sous la couchette de Margot se trouvait une grosse dame très drôle qui adorait se donner en spectacle. Elle venait de Francfort et faisait spontanément le pitre pour nous régaler de son humour truculent, souvent à ses dépens. Au-dessus de Margot dormait Madame G., une cliente de ma mère qui n'arrêtait pas de parler des fourrures, des vêtements, des bijoux, de toutes les merveilles qu'elle avait abandonnées à Prague dans sa ravissante villa. C'était une caricature de parvenue dont l'élocution étudiée et affable disparaissait dès qu'elle se crêpait le chignon avec sa fille, gentille et soumise.

Il était un peu plus de 18 heures quand les hommes sont venus nous rendre visite. Ils avaient le droit de rester jusqu'à 20 heures, et la pièce s'est mise à bruire de rires et de conversations. Pour la première fois depuis mon arrivée, j'ai regardé Joe sans haine en le voyant entrer avec Arthur, le mari de Margot, très beau. Il venait de passer plusieurs jours particulièrement durs. Il devait se douter que je lui en voulais pour mes parents, même s'il m'avait sauvé la vie. Ce soir-là, il a fait ce qu'il a pu pour me réconforter. Il a pris un paquet de cigarettes et m'a proposé plusieurs taffes pour essayer de me détendre et mettre fin à mes larmes.

Fumer était strictement *verboten*, sous peine de déportation, mais tout le monde clopait. Les cigarettes étaient introduites clandestinement dans le ghetto et servaient de devise. Pour Joe, c'était une aubaine, puisqu'il travaillait à l'extérieur et côtoyait les ouvriers tchèques chargés de la nouvelle voie ferrée. Grâce à eux, il était en contact avec ses copains chrétiens de Prague et dirigeait un service de messagerie clandestin pour tous ceux qui avaient des parents ou des fiancés et des fiancées hors du camp.

L'essentiel du commerce de tabac était évidemment contrôlé par les Allemands, qui vendaient des cigarettes à des prix exorbitants en usant de terreur et en nous menaçant de rafles. Les cigarettes étaient échangées contre n'importe quoi, y compris des rations de pain misérables pour les fumeurs dépendants et prêts à tout, dont j'allais bientôt rejoindre les rangs.

En discutant avec Margot et Arthur, avec qui je partageais des informations et commentais nos expériences, j'ai compris qu'Arthur, ne profitait d'aucun des avantages de ceux qui travaillaient hors du camp. C'était un jeune avocat qui avait fui Berlin pour s'installer en Tchécoslovaquie, et Margot et lui s'étaient rencontrés chez un parent commun. Ils avaient eu un coup de foudre, me confierait Margot plus tard. Ils s'étaient mariés et avaient vécu à Prague en espérant émigrer, mais ils n'y étaient pas arrivés.

Ils avaient beau parler le tchèque et aimer la capitale et ses habitants, ils avaient été déportés. À Theresienstadt, Arthur était considéré comme un étranger dans son équipe, alors qu'il était juif. Comme il avait un côté prussien un peu raide et ne connaissait pas l'argot, il était défavorisé. Au contraire, Margot faisait de la couture et jouait de son charme auprès du cuisinier du foyer d'enfants pour avoir des portions supplémentaires, si bien qu'elle leur obtenait des rations plus importantes que lui. Il aurait pu en avoir autant, mais il était moins dégourdi.

Les jeunes Juifs tchèques étaient l'élite du ghetto. Ils avaient plus de contacts avec l'extérieur et s'en sortaient beaucoup mieux que les Juifs qui venaient d'Autriche, d'Allemagne et, plus tard, de Hollande et du Danemark. Nous n'avions pas de corvées hors du ghetto, mais les gendarmes tchèques qui nous surveillaient étaient plutôt compatissants et prêts à nous aider à communiquer avec l'extérieur. Beaucoup avaient fait leur service militaire avec les gamins du ghetto. Il est vrai qu'ils en ont profité pour accumuler des richesses, mais ça ne retire rien à la valeur de leur aide.

Les jeunes pouvaient toujours décrocher un emploi dans la cuisine ou le système de distribution, ou compter sur un ami ou un parent qui y travaillait, car la majorité de ces postes étaient supervisés par des Juifs tchèques. Les personnes plus âgées et étrangères avaient moins d'atouts, surtout si elles n'avaient pas de famille sur place. Elles étaient obligées de troquer un par un le moindre objet contre de la nourriture. Un exemple : il y avait une forte demande de plaids à carreaux, parce que les Juifs allemands en avaient apporté en pensant qu'ils allaient à Bad Theresienstadt, une station thermale, ce que les autorités leur avaient dit. Pour moi, c'était une occasion rêvée. Je ne compte pas les rondelles de salami et les morceaux de pain que j'ai obtenus en transformant ces couvertures en jupes pour les femmes et les fiancées des cuisiniers et des intendants les plus riches.

11

Le ghetto était un microcosme qui reflétait la société en général et en accentuait la variété et les traits de caractère humains, bons et mauvais. Les Allemands n'hésitaient pas à encourager les divisions socio-économiques en attribuant à certains plus ou moins de pouvoir sur l'organisation des transports, et un accès plus ou moins facile à la distribution de la nourriture et du travail. Pour les transports, la Kommandantur ne précisait que le nombre de personnes, leur âge ou leur origine nationale. L'intervention des Allemands dans la gestion courante du camp se limitait aux inspections surprises et à la demande de rapports quotidiens du Conseil des Anciens.

Mon mari avait très vite compris ce fonctionnement et il avait réussi à en tirer profit. Je suis sûre qu'il était plus heureux là que la dernière année qu'il avait passée à Prague. L'idée qu'il pouvait déjouer les nazis quand il le voulait lui redonnait confiance, alors que son orgueil en avait pris un coup. Le jour de mes 23 ans, le 26 février 1943, mon premier anniversaire en captivité, il était fier comme Artaban parce qu'il avait réussi à m'offrir un flacon de parfum français et deux côtes de porc qu'il avait resquillées en les cachant dans des épaulettes vides.

J'ai mis plus longtemps à m'adapter à la vie à Theresienstadt, jusqu'au jour où j'ai rencontré Madame W. dans la rue ; les choses ont commencé à aller mieux. C'était une ancienne concurrente de ma mère qui me connaissait depuis toujours. Après avoir pris des nouvelles de mes parents, elle m'a demandé quel était mon travail dans le ghetto.

Je lui ai raconté ma sinistre expérience à l'infirmerie, et elle a foncé à la Magdeburger Kaserne, où se trouvaient les bureaux de l'administration. Elle a exigé qu'on me libère immédiatement de mes cent jours de corvée obligatoire pour que je rejoigne l'atelier qu'elle dirigeait au nom de la Kommandantur, qui confectionnait des robes de coton bon marché pour les Allemandes. Une centaine de femmes y travaillaient, mais seules quelques-unes étaient des couturières professionnelles, et la production en pâtissait.

Plus tard, comme elle n'arrivait pas à respecter les quotas, elle fut rétrogradée de son rang de contremaîtresse, et l'atelier fut converti en atelier de réparation d'uniformes allemands. Mais, sur le moment, ses arguments furent écoutés, non seulement parce qu'ils tombaient sous le sens, mais parce que c'était la cousine au deuxième ou troisième degré d'une personne chargée de coordonner la production du ghetto.

Ma vie a retrouvé un cours un peu plus normal. Travailler dix heures par jour dans un secteur que je connaissais n'était pas trop pénible. Le soir, je me détendais avec mes amis, et ça me mettait du baume au cœur. Pour la première fois depuis des mois, je dormais bien. Mon instinct d'autoconservation reprenait le dessus, je comprenais que je n'étais pas la seule à vivre une telle épreuve. Je m'intéressais de nouveau aux autres et je sortais de mon indécrottable égotisme d'enfant unique.

Mon mariage en avait pris un coup, d'autant qu'il reposait sur des fondations fragiles. Joe et moi n'avions pas eu le temps d'apprendre à nous connaître, et nous n'avions plus aucune intimité. Ses prouesses m'inspiraient des sentiments ambivalents. Je n'étais pas très rassurée de voir les risques qu'il prenait. J'admirais, mais je ne partageais pas l'euphorie liée à sa réussite, en même temps je profitais des avantages qui allaient avec. J'étais gênée par ses escapades quotidiennes, et je n'ai jamais compris pourquoi il jouait autant avec le feu, bien plus que ce dont nous avions besoin. J'enviais Margot et Arthur, si épris l'un de l'autre, et je m'en voulais d'être incapable de manifester un minimum d'amour et d'estime à mon époux. Les jeunes mariages étaient fragilisés par la menace de l'avenir et le désir de profiter de la moindre goutte de plaisir.

Les contraintes de la vie du ghetto et les allées et venues permanentes des transports rendaient les gens et les relations imprévisibles. Il était difficile de s'entendre avec ses amis de toujours dans un environnement aussi inédit et oppressant. Inversement, des étrangers devenaient des amis pour la vie. La situation donnait lieu à de nouveaux comportements, dont beaucoup témoignaient de noblesse et d'abnégation, mais beaucoup aussi étaient égoïstes et amoraux. J'étais de nouveau intriguée par la religion. Enfant, j'étais envoûtée par les rites et le mysticisme catholiques, et là, à Theresienstadt, je me posais des questions quand je voyais Madame T. et des convertis dont la foi était inébranlable, alors que la situation était aussi absurde.

Mon amie Vava (une cousine germaine de Joe) était officiellement catholique, mais ses parents étaient comme les miens, agnostiques. Elle était en train de revenir au judaïsme sous l'influence d'un rabbin viennois à qui elle était liée. Personnellement, je ne me sentais proche ni du catholicisme ni du judaïsme. Le premier soir de Noël, je me sentais seule et j'étais allée à une messe de minuit célébrée secrètement dans un des greniers du camp. Une cinquantaine de personnes de tous les âges étaient là et faisaient les gestes qu'ils connaissaient par cœur. C'était curieux. Je ne partageais aucune des convictions des croyants et n'éprouvais rien : ni consolation ni présence de Dieu.

Plus tard, j'ai accompagné Vava à un office de shabbat qui avait lieu dans le baraquement le plus ancien et le plus lugubre de Theresienstadt. De vieux messieurs se balançaient d'avant en arrière avec un châle de prière, perdus dans un monde que j'étais incapable de pénétrer ni d'appréhender. Je suis sortie perplexe. Vava pensait que je sentirais une certaine proximité avec eux, mais j'avais l'impression d'être une étrangère, et je n'étais pas émue. Je préférais agir pour donner un sens à cette vie plutôt que de prier un Dieu qui nous avait aussi brusquement abandonnés. En même temps, j'étais rebutée par les groupuscules sionistes et communistes clandestins de Theresienstadt.

À cette époque a été créée une association qui proposait aux jeunes couples comme Joe et moi, dont la situation était relativement correcte, d'adopter officieusement des enfants dont les parents étaient morts ou prisonniers dans d'autres camps. Le but était de leur offrir une famille de substitution et de leur refaire une santé en partageant avec eux de la nourriture.

Les rations quotidiennes auxquelles nous avions droit étaient maigres. Elles comprenaient une tranche de pain noir de 7 centimètres d'épaisseur, deux tasses de café noir – dont la ressemblance avec du vrai café était due au hasard –, un bol de soupe de pois ou de lentilles (qui se résumaient à une douzaine de bidules flottant dans une eau noirâtre), trois ou quatre pommes de terre bouillies avec la peau, une louche de sauce tomate ou de sauce à la moutarde, et éventuellement un navet. La viande était rare et toujours appelée goulasch : il faut imaginer une sauce brune épaisse avec quelques morceaux de viande chevaline. La seule qualité utilisée était celle que le département de l'alimentation avait estampillée « impropre à la consommation humaine ». De temps en temps, on avait un bonus : une rondelle de 2 ou 3 centimètres de salami, le tiers d'une petite boîte de pâté de foie, un carré de margarine de 2 centimètres, ou une cuillerée à soupe de confiture de pruneaux. Les enfants étaient un peu mieux nourris, parce qu'ils avaient une cuisine à part, mais leur alimentation ne suffisait pas pour la croissance.

Joe et moi sommes allés dans le foyer d'enfants pour choisir un orphelin à adopter. Ils étaient nombreux, et la responsable pensait que, vu mon jeune âge, l'idéal serait un enfant de 3 à 5 ans. Pendant que nous discutions, mon regard a été attiré par une fillette de 9 ou 10 ans, avec des cheveux foncés et d'immenses yeux bruns, toute seule dans un coin, qui nous observait. J'ai insisté pour l'adopter, malgré les réticences de la conseillère. Elle s'appelait Gisa, avait en fait 12 ans et n'a pas dit un mot sur l'arrangement que nous avons accepté, mais elle a bien voulu se promener avec moi pour faire connaissance. Ses parents avaient été raflés au moment de l'annexion des Sudètes, expliquait son dossier, et plus personne n'avait de leurs nouvelles. Son frère aîné et elle avaient été confiés à un orphelinat de Karlsbad et, après l'Occupation, transférés à Prague dans un autre orphelinat. Quatre ans plus tard, l'établissement avait été évacué et les enfants envoyés à Theresienstadt.

Son frère avait 16 ans et il était obligé de travailler. Il logeait dans les baraques des hommes et voyait rarement sa sœur. Elle ressemblait à une petite souris, elle avait peur de tout et de tout le monde, et j'ai mis des semaines à la rassurer avant d'obtenir un sourire. Elle avait faim en permanence, c'était évident, mais grignotait à peine ce qu'on lui donnait et mettait soigneusement le reste dans sa poche pour le manger plus tard, ou pour le donner à son frère – je n'ai jamais su. Le jour où nous lui avons offert du chocolat, nous avons compris qu'elle n'en avait jamais vu ni goûté.

Elle a craqué le jour où j'ai prononcé trois ou quatre mots anglais dans une discussion avec Joe. « Vous parlez anglais ! s'écria-t-elle. Vous ne voulez pas m'apprendre ? » C'est ainsi que nous sommes devenues proches. Tous les jours je lui donnais un cours d'une heure en improvisant. C'était une éponge, elle enregistrait tout, et peu à peu elle s'est mise à manger avec plaisir et elle a repris du poids. J'ai retouché certains de mes vêtements pour les lui donner, parce que les siens étaient trop grands et qu'elle avait l'air beaucoup plus menue qu'elle ne l'était. Elle était de plus en plus expansive, et un jour, dans la rue, elle a trahi une légère vanité en voyant son reflet dans une vitre.

Elle commençait à me parler de ses parents, et plus le temps passait, plus elle me racontait des souvenirs de l'époque où elle vivait avec eux. Elle ne pleurait jamais et maintenait toujours une certaine distance, comme une adulte. Elle m'avait acceptée comme une amie, mais il était inimaginable que je puisse remplacer sa mère.

12

En 1943, ma vie me semblait relativement stable, en dépit des va-et-vient constants des transports. Les convois qui partaient du camp semaient la panique et provoquaient d'interminables négociations destinées à choisir qui partait et qui restait. Un jour, c'était uniquement les jeunes en mesure de travailler ; un autre, les vieux et les malades. Comme l'extension de Bohušovice était loin d'être achevée, Joe et moi ne nous faisions pas trop de bile. Mais les rumeurs les plus folles circulaient : on disait que c'était le dernier transport, ou que la guerre finirait demain, la semaine suivante ou dans les trois mois, au pire.

Dans une telle atmosphère, faut-il s'étonner que Margot et moi soyons allées consulter une femme qui lisait les lignes de la main ? Nous avions entendu dire qu'elle était vieille et venait d'Allemagne, et nous sommes allées la voir un soir dans une des baraques de personnes âgées. Nous nous sommes installées à côté d'elle près de la fenêtre, et j'ai observé son beau visage pendant qu'elle tenait ma main entre ses doigts ridés. Elle a marqué une pause et m'a regardée droit dans les yeux en me disant : « Mon enfant, tu as un mari jeune et beau, mais je te vois veuve. Ton mari s'est engagé dans une opération qui va lui coûter la vie. Tu vivras et tu épouseras un homme que tu connais depuis ton enfance. Tu quitteras l'Europe avec lui et tu franchiras l'océan pour fonder une famille. »

J'aurais voulu savoir ce qui était arrivé à mes parents, mais elle a refusé de parler et s'est tournée vers Margot en secouant la tête et répétant : « Toutes ces veuves, toutes ces veuves… » Elle lui a révélé des événements de son passé et lui a aussi affirmé qu'elle survivrait, mais pas son mari. Nous sommes sorties de chez elle très déstabilisées, essayant de tourner en dérision la séance, mais nous avions du mal à oublier ses paroles.

Il arrivait pourtant que la vie soit agréable, voire amusante. On avait de la musique de chambre, des chants avec accordéon, de l'opéra, du théâtre, des lectures de poésie organisées dans des conditions rocambolesques. On construisait des décors avec des haillons, des sacs de patates vides et des planches volées dans l'entrepôt où travaillaient des détenus. Les partitions étaient recopiées à la main, la musique était écrite de mémoire, et on composait de nouveaux morceaux. Jamais je n'ai entendu une interprétation aussi bouleversante du *Requiem* de Verdi. Surtout le « Libera me », qui prenait un sens entièrement nouveau, chanté là, à Theresienstadt, par une jeune et brillante soprano de Berlin. Trois semaines plus tard, la jeune fille fut déportée « à l'Est ».

La densité de talents réunis dans ce trou perdu était inouïe et impossible à étouffer. Les artistes peignaient, dessinaient et écrivaient sur le moindre bout de papier qui leur tombait sous la main. Discussions, débats et échanges s'enchaînaient. Chaque fois qu'un projet était bousculé par un départ, de nouveaux artistes apparaissaient et remplaçaient les derniers disparus. Hélas, le talent n'est pas inépuisable, et, à la fin de la guerre, il n'en restait que quelques miettes.

Le samedi après-midi, on jouait au foot, si le temps le permettait. Les matches avaient lieu dans la cour de la Dresdner Kaserne, entourée d'immenses coursives à ciel ouvert, comme des loggias. Le lieu aurait été idéal pour une corrida, et il attirait presque autant de monde. Les spectateurs étaient sur leur trente-et-un et encourageaient leur équipe en hurlant, oubliant la réalité du camp le temps du match.

Les représentants les plus étonnants de cette fourmilière étaient les femmes plus âgées, les mères et les grands-mères. Elles avaient beaucoup plus d'énergie et d'ingéniosité que leurs compagnons et, après une journée de travail, arrivaient à préparer un bon petit plat avec quelques patates et à transformer leurs couchettes en maisons miniatures. Elles se plaignaient rarement, et les bonnes manières l'emportaient toujours, même en cas de dispute, inévitable, quand elles s'envoyaient des reproches en pleine figure et s'appelaient par le titre de leurs maris respectifs. Elles n'avaient qu'un défaut : elles n'arrêtaient pas de rappeler tout ce qu'elles avaient abandonné, des biens dont le nombre augmentait avec le temps, comme s'il n'y avait que des Juifs riches. Mais c'était innocent, amusant et rarement méchant.

Un jour, alors que je retouchais des uniformes abîmés depuis un certain temps, je me coiffais quand j'ai remarqué des petites bestioles qui rampaient sur mon peigne. Sur le moment, je fus trop stupéfaite pour bouger, puis soudain j'ai hurlé, en répétant que j'avais des poux, des POUX, que jamais je n'arriverais à m'en débarrasser, et Margot devait en avoir puisqu'on partageait la même couchette.

Elle était beaucoup plus posée que moi et m'a fait remarquer que je n'étais pas la première. Elle s'est débrouillée pour « trouver » (voler) un bidon de kérosène et on a passé trois jours à s'en badigeonner les cheveux jusqu'à ce qu'on ait de l'eczéma. Mais ce n'était pas tout, il fallait se débarrasser du kérozène alors qu'il n'y avait que de l'eau froide, mais nous y sommes arrivées, avant de se concentrer à nouveau sur notre chasse aux poux nocturne. La méthode consistait à allumer une bougie en maintenant nos couvertures sur la tête. Les risques d'incendie ? Il y en avait, mais nous étions expertes dans la poursuite de ces petits bourreaux.

Peu après, j'ai eu les oreillons. Pas la version classique, mais des oreillons carabinés, sans doute à cause de l'eau glacée avec laquelle je m'étais rincée. Mon visage ressemblait à une énorme poire ; seul mon front avait une taille normale. Le dortoir n'avait jamais vu ça, ni le médecin qui a appelé ses collègues pour qu'ils voient cette patiente exceptionnelle. Inutile de dire que je ne trouvais pas ça très drôle, et quand Margot et Joe n'ont pu s'empêcher d'éclater de rire, j'étais furieuse. Le ghetto était ravagé par les maladies infantiles, et ceux qui ne les avaient pas eues étaient sûrs de les attraper.

À mon arrivée, on m'avait interdit de voir mon amie d'enfance, Kitty, parce qu'elle était en quarantaine à cause de la scarlatine. Je me souviens de notre déception. Nous étions inséparables. C'était ma cousine germaine et mon alter ego depuis sa naissance, deux ans après la mienne. Elle vivait dans le même pâté de maisons, comme moi elle était enfant unique, et nous avions grandi ensemble. Elle était arrivée à Theresienstadt en décembre 1941 dans l'un des premiers transports, et nous avions passé huit mois séparées en rêvant de nous revoir. Ses parents étaient dans le ghetto. Comme son père faisait partie du Conseil des Anciens et était un membre important de la communauté, il y avait peu de risques qu'il soit déporté plus loin. Le jour où elle est sortie de l'hôpital, elle était toute contente de me voir et avait plein d'anecdotes à me raconter sur les médecins et les infirmières.

À Theresienstadt, elle avait un petit ami qui s'appelait Bubi, dont Joe était devenu très proche. Le fait d'avoir un fiancé chrétien à Prague ne la dérangeait pas plus que ça. Elle s'en expliquerait plus tard si la situation l'exigeait. Comme beaucoup de Tchèques arrivés parmi les premiers, elle vivait dans un confort relatif et partageait une petite pièce à part avec trois filles, dans le même baraquement que moi.

Avec sa générosité naturelle et une petite lueur dans les yeux, elle nous avait spontanément proposé, à Joe et moi, d'utiliser la pièce comme un doux nid d'amour. Les quatre filles avaient mis au point un emploi du temps élaboré qui leur permettait de vivre leurs liaisons, trois histoires d'amour et un mariage. J'allais souvent leur rendre visite à la fin de la journée, car elles organisaient des soirées superbes. Non seulement elles avaient de l'esprit, mais nous profitions souvent de la visite de l'un de leurs amoureux, un accordéoniste professionnel qui jouait dans les boîtes et avait l'art de s'introduire dans le quartier des femmes après le couvre-feu. La musique et les chants duraient souvent tard dans la nuit.

Bubi, le petit ami de Kitty, faisait partie de la police du ghetto, une organisation qui tenait un peu de l'opérette puisqu'elle était censée maintenir l'ordre, mais servait à organiser toutes sortes d'entourloupes pour berner les gendarmes et les nazis, du moins ceux qui avaient de l'humour. L'année suivante, Bubi, Joe et un gardien appelé Honza ont construit un *kumbal*, un abri sans toit installé dans le grenier d'anciennes maisons résidentielles de Theresienstadt. Le nôtre mesurait 2,5 m sur 4,5 et était fait avec du « bois détourné », obtenu contre des cigarettes et autres produits de contrebande. Meublé avec trois lits de camp et quelques étagères, et décoré avec de beaux draps verts, on aurait dit une minuscule chaumière qui nous permettait d'avoir un peu d'intimité, d'autant que les garçons travaillaient tous à des heures différentes.

Personne ne s'est jamais disputé pour savoir quand il pouvait s'y retirer avec quelqu'un. L'avantage, c'est que nous avions un coin qui n'appartenait qu'à nous, et nous pouvions recevoir des amis le dimanche après-midi – boire une tasse de vrai café à l'abri des regards d'un dortoir bondé, avoir un semblant de conversation et l'illusion que tout était normal.

Évidemment ça l'était – une illusion –, car les transports continuaient, les amis disparaissaient du jour au lendemain et le taux de mortalité de la génération la plus âgée avait fusé. Je n'oublierai jamais les anciens corbillards, tirés par des êtres humains, qui montaient et descendaient les rues pour évacuer les cadavres et rapporter des pommes de terre à moitié pourries dont les odeurs se mêlaient et flottaient dans l'air.

À Theresienstadt, j'ai vécu sous l'administration successive de trois anciens juifs. Le premier, Jakob Edelstein, était un sioniste d'origine polonaise, très intelligent, qui n'hésitait pas à défendre son point de vue face à la Kommandantur. Il fut remplacé par Paul Epstein, berlinois, qui était beaucoup moins courageux et avait tendance à favoriser ses compatriotes. Il tremblait face aux Allemands et leur faisait plus de courbettes que nécessaire. Le troisième était un rabbin viennois nommé Benjamin Murmelstein.

Ces administrateurs étaient comme le Conseil des Anciens, ils avaient du pouvoir et jouissaient de certains privilèges, mais leur situation était délicate et ils n'avaient pas le choix. Ils avaient de vrais avantages : une nourriture meilleure et plus abondante, un logement plus agréable et le droit de vivre avec leur épouse. C'est aussi eux qui distribuaient les tâches et décidaient qui devait quitter Theresienstadt et quand. À partir du moment où ces hommes – qui étaient simplement humains – n'étaient animés que par leurs convictions quand ils choisissaient qui sauver, il était difficile de leur en vouloir. En revanche, quand ils cherchaient à favoriser des amis ou des amis d'amis, des cousins au troisième ou quatrième degré, voire quand ils étaient soudoyés, c'était autre chose.

L'administration du ghetto était conçue comme un escalier qui descendait jusqu'aux niveaux inférieurs et organisée de façon à monter les détenus les uns contre les autres. Le rôle de la *Cripo*, la police criminelle juive en civil, était de surveiller et de dénoncer les camarades détenus. Ça ne marchait pas toujours, et très souvent on finissait entre les mains d'un homme assoiffé de pouvoir ou d'un sadique pur et dur. Les Juifs ne sont pas différents des autres. Plus je vivais à Theresienstadt, plus je comprenais à quel point il était difficile de rester fidèle à son système de valeurs, à supposer qu'on fût assez mûr pour en avoir un.

13

Les 15 et 18 décembre 1943, deux transports comprenant 5 007 jeunes détenus ont quitté Theresienstadt. Le ghetto était surpeuplé, et on avait besoin d'eux pour construire un nouveau camp plus loin, nous dit-on. Je suis sûre que le Conseil des Anciens en savait plus sur leur destination, mais ils la fermaient parce qu'ils craignaient pour leur vie en cas d'évasion ou de soulèvement.

Personne n'avait oublié les événements du 11 novembre. Ce jour-là, tout le ghetto – environ 45 000 personnes – avait été transféré à marche forcée dans un grand champ désert. Nous avions passé la journée sous une pluie fine, cernés par des gendarmes tchèques avec des mitraillettes, en attendant que les SS nous comptent et nous recomptent. Les gens tremblaient de froid et de peur, et beaucoup étaient persuadés que personne ne rentrerait vivant. Le recensement n'avait pas été très probant – il y avait des absents – et, à minuit, on nous avait fait rentrer à pied dans nos baraquements, affamés et brisés de fatigue.

Joe et moi pensions être bons pour les transports de décembre. L'extension de la voie ferrée de Bohušovice était presque finie. Joe était inquiet, parce qu'il n'avait plus de raison de bénéficier du sursis qui lui évitait d'être déporté ailleurs. Pour mettre toutes les chances de notre côté, il a eu une idée géniale : si je disais que j'avais la scarlatine, on serait couverts des deux côtés.

Le Dr V., un ami sûr, m'a piquée pour m'inoculer la bactérie. Il a proposé la même chose à Joe, mais il était immunisé, car il avait eu la maladie quand il était petit. Nous avons attendu que les symptômes apparaissent. Heureusement, je n'ai eu qu'une migraine et un peu de fièvre – et pas de boutons, en tout cas pas assez pour être mise en quarantaine. Pas de boutons, pas de quarantaine, c'était la règle, du coup nous n'avons pas été appelés.

Kitty a eu moins de chance. Un mois plus tôt, elle avait eu 21 ans et ne faisait plus partie de la liste des personnes « protégées » et inscrites à côté de leurs parents. Elle serait déportée, mais me promit de garder une couchette à côté de la sienne. Qu'on était bêtes, on y croyait, à leur histoire de nouveau ghetto ! Bubi, son petit ami, et le camarade de chambre de Joe, Honza, furent déportés en même temps, comme la majorité de nos amis. Et tout le monde s'est séparé le cœur presque léger.

Le départ de ce groupe a été suivi par une accalmie. Les transports à l'extérieur ont cessé. Il n'y avait plus que des transports arrivant de l'étranger : les Hollandais et les Danois commençaient à affluer. En même temps avaient lieu de profonds changements. La forteresse qui servait de zone de quarantaine à l'époque où j'étais arrivée a été transformée en un gigantesque entrepôt où étaient stockés les biens confisqués. L'atelier d'uniformes où je travaillais a été fermé, et j'ai été transférée dans l'entrepôt, chargée de trier et de repriser les vêtements pour que les plus solides soient expédiés vers le Reich.

Au même moment, des phénomènes étranges avaient lieu. Les façades des maisons de la Grand-Rue ont été repeintes. Les magasins convertis en dortoirs ont été reconvertis en boutiques dont les vitrines proposaient des articles de bonne qualité venant de l'entrepôt. Il s'agissait plus de les exposer que de les vendre. Du jour au lendemain est apparu un café avec de la musique, où l'on pouvait passer une heure à condition d'avoir un coupon. Ils ont ouvert une banque et imprimé des billets. L'immense chapiteau installé un an plus tôt pour abriter l'usine de mica a été arraché, et ils ont construit un kiosque à musique sur la place centrale. Le terrain a été replanté et couvert de pelouse, et on y a ajouté des bancs et un terrain de jeux.

En janvier, la Hamburger Kaserne, qui logeait 3 500 femmes, a été entièrement évacuée. Le bâtiment a été transformé en une station de traitement située au bout de l'extension ferroviaire, enfin terminée. Il a fallu reloger tout le monde dans la confusion, mais j'en ai profité pour m'installer avec Joe, qui était seul dans son kumbal.

Le 20 janvier, un train de passagers bien habillés est arrivé, et la raison de ces mystérieux changements est devenue évidente. Les nouveaux arrivants étaient des

Juifs hollandais que le Conseil des Anciens a accueillis personnellement avec des discours, mais c'était une mise en scène filmée par les actualités pour être projetée en Europe et montrer que les Juifs voyageaient dans de bonnes conditions, sous la protection du Reich allemand. Le Kommandant SS et ses hommes de main ont aidé les femmes et les enfants à descendre des wagons, et, peu après, on leur a distribué des cartes postales pour qu'ils rassurent leurs amis en leur disant qu'ils allaient bien. Le « Ghetto de Terezín[1] » est devenu la « Colonie juive de Theresienstadt », et les détenus n'étaient plus obligés de saluer les SS, ni de se mettre au garde-à-vous ou de descendre du trottoir quand ils en croisaient.

Jusqu'ici, quiconque dérogeait à cette règle avait droit à dix coups de fouet. Les appartements des membres haut placés du Conseil des Anciens ont été rafraîchis et meublés avec du mobilier danois moderne. Il était évident que quelque chose se tramait, mais il ne s'agissait plus des actualités.

1. Nom tchèque de Theresienstadt.

14

L'extension ferroviaire étant achevée, seul un nombre limité d'ouvriers ont été retenus pour l'entretien de la voie. Il s'est ensuivi une folle ruée pour obtenir ces quelques postes, et Joe a réussi à être pris, mais ses déplacements à Bohušovice avaient lieu à intervalles irréguliers, quand on avait besoin de main-d'œuvre pour la scie circulaire. Ses relations avec ses interlocuteurs chrétiens étaient devenues plus difficiles et plus repérables.

Un soir à cette époque, j'ai fait un rêve. J'étais dans un endroit que je ne connaissais pas. On aurait dit une forêt de fils barbelés dont la terre avait une couleur ocre inhabituelle, une nuance que je n'avais jamais vue en Europe centrale. Des éclairs lumineux perçaient un ciel obscur et mauve. J'étais seule, mais j'avais l'impression que des milliers d'yeux me fixaient. Brusquement, j'ai été réveillée par mes hurlements, surprise de me retrouver à côté de Joe qui m'observait. Ni lui, ni Margot, ni aucun de nos amis n'avaient vu ce type de forêt. Mon cauchemar est toujours resté énigmatique.

Un jour, au début du mois de mars, Joe m'a avoué qu'il était inquiet à cause d'un incident qui avait eu lieu le jour même. Il avait rendez-vous avec un de ses contacts à Bohušovice, mais au dernier moment il n'avait pas pu y aller parce qu'on avait envoyé un autre responsable de l'entretien à sa place. Joe lui avait demandé de remettre un mot et des billets à son interlocuteur en lui précisant que, s'il le ratait, il devait cacher le petit paquet dans une pile de traverses près de la scie.

Le soir, Joe a découvert avec horreur que les deux hommes s'étaient loupés et que le type avait rapporté le paquet et cherché à le cacher avant de le fourrer dans le tube d'un store occultant. Malheureusement, un gendarme, un des rares salauds tchèques, était tapi dans la rue et l'avait vu avant d'aller remettre son rapport à la Kommandantur. Quelques instants plus tard, des SS avaient déboulé dans le dortoir. Ils s'étaient jetés sur la fenêtre en menaçant tout le monde de représailles avant d'embarquer le pauvre homme. Le mot était simplement signé « Joe du baraquement », mais il y avait peu de chances que le type tienne sa langue et ne tarde à donner le nom de Joe.

Que faire, si ce n'est se pointer le lendemain matin au travail ? Sauf que, quelques heures plus tard, un ami qui était planton dans la gendarmerie est venu m'annoncer que Joe venait d'être arrêté. Un gendarme était en train de l'escorter vers la Kommandantur. Si je voulais, je pourrais le voir – en faisant comme si c'était une coïncidence – pendant qu'il traversait le ghetto, mais la situation laissait peu d'espoir. J'ai couru jusqu'au portail et je l'ai vu : il descendait la rue, les mains menottées à un gendarme. Les paroles de la voyante me sont revenues en mémoire, et je me suis mise à trembler. Il avait prix dix ans en vingt-quatre heures. Son visage était livide, et la première chose qu'il m'a dite, c'est que tout était fichu.

J'ai essayé de le rassurer en le suppliant de ne pas compromettre son ami chrétien dont personne ne connaissait le nom. Il m'a répondu qu'il avait peur et n'aurait pas la force de supporter l'interrogatoire s'ils le torturaient. Plus tard, j'ai découvert ce qui s'était passé. Non seulement il avait donné le nom de son contact mais celui d'un autre. Quelques jours plus tard, il a été transféré dans la « petite forteresse », la prison de haute sécurité située à côté de Theresienstadt.

Les tensions qui nous éloignaient avaient fini par prélever leur tribut. J'avais pitié de Joe, en même temps je lui en voulais. Je me sentais affreusement coupable vis-à-vis des femmes des dix hommes arrêtés parce qu'ils s'étaient associés avec mon mari.

Nos amis ont eu le réflexe de m'entourer et de me remonter le moral. Vava, la cousine de Joe, s'est démenée pour que je sois sur la liste des « protégés » d'une personnalité en vue du Conseil des Anciens. Elle y est arrivée sans que j'aie à faire un geste ni même à rencontrer la personne en question. Elle était proche du rabbin qui présidait le Conseil à ce moment-là. Grâce à son entremise, je faisais désormais partie de son entourage officiel.

Comme il était hors de question que je garde notre kumbal pour moi toute seule, on m'a attribué deux nouvelles camarades de chambre, dont l'une était la petite amie d'un jeune pianiste et compositeur qui s'appelait Gideon Klein. J'étais de nouveau d'une humeur étrange, agitée, pas loin de vouloir détruire le peu de sécurité dont je bénéficiais. Je rêvais d'un changement tout en le redoutant. Pour le moment, le projet d'embellissement du camp faisait qu'on nous harcelait moins, mais les transports arrivant de l'étranger modifiaient l'éventail des nationalités et augmentaient la population du ghetto.

Mes amis me rendaient visite tous les jours. Surtout le Dr V. et F. O., deux copains et anciens clients de Joe qui voulaient vérifier que j'avais de quoi manger et me protéger des prédateurs. J'ai mis un moment à comprendre qu'ils se surveillaient, parce que chacun avait une fiancée chrétienne à Prague et soupçonnait l'autre d'avoir des vues peu avouables sur moi. Batifoler avec la femme d'un ami en prison était un tabou, y compris suivant les critères assez lâches du ghetto. Manifestement, personne ne m'accordait assez de jugeote pour me défendre seule.

À l'époque, Gideon Klein avait décidé de mettre en scène et de diriger une production de *Carmen* avec la bénédiction, voire l'aide, de la Kommandantur, qui avait mis à sa disposition son gymnase. J'ai assisté à plusieurs répétitions avec sa petite amie, et ce fut une expérience inoubliable. Monter un opéra dans un ghetto était de l'ordre du miracle.

Juste avant, nous avions fait la connaissance de quelqu'un qui était devenu un ami de notre petite bande. C'était un écrivain tchèque connu à qui on avait attribué un kumbal dans notre baraquement et qui, exceptionnellement, avait le droit de vivre avec sa compagne. Il avait une caisse entière de livres et m'a encouragée à en profiter. Je me suis plongée dans l'œuvre de Dostoïevski, et le livre qui m'a fait la plus forte impression, *Souvenirs de la maison des morts*, est un récit qui se passe dans un camp de prisonniers en Sibérie. Les points communs avec notre situation étaient frappants, et nous avions de longues discussions pour savoir qui apprenait quoi et grâce à qui.

J'avais un second protecteur, un gendarme tchèque qui s'appelait Karel, le frère de celui qui avait dû arrêter Joe. Lui aussi connaissait Joe, et il s'était fait un devoir de s'occuper de moi – autrement dit, de me nourrir quand il était de service. Il venait me voir sur mon lieu de travail, hurlait mon nom et m'entraînait dans le corps de garde, où il m'enfermait à double tour avec un paquet de sandwiches et des cornichons préparés par sa mère. Un quart d'heure plus tard, il me raccompagnait sur mon lieu de travail en m'enjoignant de travailler dur.

Un jour, il m'a remis un mot tout froissé de la part de Joe qui me disait simplement qu'il allait bien et m'aimait. Grâce à lui, j'ai appris que Joe était un des conducteurs du camion qui transportait du charbon jusqu'à la forteresse. Avec un peu de chance, me dit-il, un jour, je le verrais puisqu'on apercevait un bout de la route de la fenêtre du corps de garde. J'ai vu je ne sais combien de camions passer, mais ils roulaient tellement vite que je n'étais jamais sûre de reconnaître Joe. J'agitais la main au cas où.

Le printemps est arrivé, accompagné de rumeurs annonçant la visite d'une commission de la Croix-Rouge internationale. Le Kommandant Burger a été remplacé par un Autrichien appelé Rahm, mieux disposé à présenter le camp à la Croix-Rouge comme si c'était un modèle d'humanité. Les enfants de l'orphelinat ont été dressés à s'exclamer *Encore du chocolat, oncle Rahm !* au cas où le Kommandant accompagnerait la commission et leur offrirait du chocolat.

Le succès de cet endoctrinement laissait à désirer, d'autant qu'il y avait une poche de résistance, un lieu qui contredisait cette opération de ripolinage : c'était le pavillon psychiatrique. Quels que soient les couches de peinture et les draps blancs que l'on appliquait, rien ne pouvait masquer les ravages que trahissaient les visages de ces détenus.

Les nazis étaient mal à l'aise, sans compter que la population du ghetto était à plus de 40 000. Pour résoudre le problème, ils avaient prévu trois transports de 2 500 personnes, espacés de deux jours, qui commenceraient le 15 mai. L'orphelinat et le pavillon psychiatrique étaient compris, ainsi qu'un échantillon complet de la population, dont une majorité de jeunes gens considérés comme des fauteurs de troubles en puissance.

Je faisais partie des appelés. Mes derniers amis ont tiré toutes les ficelles possibles et imaginables jusqu'à ce qu'ils comprennent que c'était un ordre de la Kommandantur et une mesure de représailles liée au comportement délictueux de Joe. Nous étions trois dans la même situation : deux épouses d'associés de Joe et un enfant de 4 ans, le fils d'un des deux couples.

Le Dr Murmelstein a fait tout ce qu'il a pu pour nous sauver, mais, le troisième départ étant prévu pour le 18 mai, nous avons été obligés de nous présenter à l'Hamburger Kaserne avec nos bagages et nos étiquettes, prêts à partir. En attendant que le Conseil des Anciens livre les 2 500 personnes réquisitionnées, nous étions dans une pièce qui donnait sur le quai. Tout le monde espérait qu'une fois les quotas remplis, les SS auraient la bonne idée de nous oublier, et nous avons passé la journée à regarder le chargement du train, une série de wagons à bestiaux remplis un par un, puis fermés et bouclés. À 17 h 45, le dernier wagon était plein.

Nous retenions notre souffle en priant pour que le train démarre, quand un brouhaha retentit dans le couloir, dont une voix reconnaissable entre mille. Brusquement, la porte s'ouvrit.

« Qui sont ces gens ?

— Les ordres spéciaux, Kommandant, répondit le Dr Murmelstein. Des femmes et un enfant, c'est tout.

— Qu'est-ce que vous me racontez, vous essayez de me gruger ? Dehors ! Dehors ! Dans le train, ouste ! Sales Juifs. »

Ils ont ouvert le dernier wagon avant de nous balancer à l'intérieur en fourrant nos baluchons derrière nous. La portière a claqué, et le train a démarré avec 2 504 personnes.

15

L'intérieur du train était sombre, et il fallait du temps pour distinguer les silhouettes. Le wagon était tellement bondé qu'on ne pouvait s'asseoir qu'en pliant les genoux contre la poitrine. Nous étions dans la voiture qui transportait les détenus du baraquement des personnes âgées, dont la plupart étaient malades et en état de choc.

Notre petit groupe s'est accroupi près de la portière, là où il avait échoué, sanglotant en silence. Theresienstadt n'était pas le paradis, mais, vu de ce train, c'était l'impression que cela donnait. J'étais encore plus défaite que les autres, parce que je m'estimais plus ou moins responsable de leur présence dans ce wagon. J'étais navrée pour eux, surtout pour le petit garçon blotti dans les bras de sa mère.

Ce furent mes dernières vraies larmes, même si j'allais pleurer jusqu'à la fin de la guerre. Le wagon avait une fenêtre à barreaux à chaque extrémité et deux seaux posés dans un coin. Le premier était censé servir de toilettes, le second contenait de l'eau, mais l'un et l'autre étaient beaucoup trop petits pour les 80 personnes entassées là. Quelques heures plus tard, on a essayé de mettre un peu d'ordre dans la confusion générale.

Le train s'est arrêté à l'aube. La porte s'est ouverte, quelqu'un a vidé un seau sur la voie tandis que les gardiens remplissaient l'autre d'eau, puis le train est reparti. Il y a eu deux arrêts supplémentaires, mais la puanteur, la soif et les gémissements étaient devenus insupportables. Je pensais à mes parents. Puis je me suis souvenu qu'un employé du Transportleitung m'avait dit qu'ils avaient pris un train de passagers et avaient eu des places du côté de la fenêtre. Ça m'a soulagée, et j'ai fini par me résigner à ce qui devait arriver.

Le lendemain, en pleine nuit, le train s'est arrêté le long d'un quai avec un panneau annonçant Auschwitz. À ce moment-là, le nom ne me disait rien. J'ai compris qu'on était en Pologne, parce que la seconde moitié du panneau précisait Oświęcim. Les portes étaient fermées, mais j'ai entendu une pluie de hurlements allemands et polonais. Les beuglements sont devenus encore plus forts quand les portes se sont ouvertes, et j'ai vu sur la rampe, à côté de ce qui devait être un détachement de SS, un groupe de créatures étranges, vêtues de pyjamas rayés bleu et gris, le crâne rasé, presque aussi bruyantes que les Allemands.

Vite, on nous a poussés hors du wagon avec nos vêtements et ce que contenaient nos poches, puis bousculés de façon à former une longue file qui remonte une route de terre. Des deux côtés se dressait un double mur de fils barbelés ponctué par des écriteaux avertissant *Achtung Hochspannung* (« Attention : haute tension »).

C'était un spectacle terrifiant, éclairé par des faisceaux lumineux ou des phares projetés du haut de miradors plantés tous les 100 mètres. Derrière les fils barbelés, les chiens et les SS qui quadrillaient la route, se profilaient de nombreux édifices sombres.

Des silhouettes rayées apparaissaient et disparaissaient dans l'obscurité, veillant soigneusement à ne pas croiser les SS. À mi-chemin de la route, une de ces créatures s'est matérialisée à côté de moi, debout à l'extrémité d'un brancard où gisait un cadavre recouvert. « *Nazdar !* » me dit-elle (« Salut ! »). Je suis tombée des nues : c'était Tommy, un ami qui avait quitté Theresienstadt au mois de décembre. Il avait l'air vieux, affamé ; il m'expliqua rapidement qu'on nous retirerait tous nos objets de valeur. Le copain de Joe, Honza, l'avait envoyé pour que je lui remette tout ce que je voulais garder afin qu'il le fasse sortir du camp. J'avais très peu de choses : deux montres, un stylo à encre, une brosse à dents, un peigne et quelques paires de bas. Il a glissé les objets sous le drap recouvrant le cadavre et disparu comme un voleur dans la nuit.

Nous sommes entrés dans une bâtisse qui ressemblait à une étable, où on nous a séparées des hommes avant de nous en mettre rang devant une série de tables où des détenues polonaises en uniforme rayé notaient nos coordonnées. À peine les SS eurent-ils le dos tourné, Honza est entré et m'a entraînée au fond de la pièce. L'enregistrement allait durer des heures, me dit-il, j'avais intérêt à m'asseoir et à grignoter quelque chose. On était à Birkenau, qui faisait partie du camp de concentration d'Auschwitz, poursuivit-il. C'était ce qu'on appelait un « camp familial » : les hommes et les femmes tchèques étaient détenus dans le même complexe.

Je serais en quarantaine le temps que les nouveaux arrivants soient consignés, autrement dit enregistrés, tatoués, assignés à une tâche, fouillés au corps et mis au pas. Pendant ce temps-là, les autres détenus étaient interdits de contact avec nous. Honza échappait à la règle parce qu'il était « doyen de block » – kapo, comme on les appelait –, chargé du baraquement qui, en principe, était celui des enfants. La nourriture y était un peu moins mauvaise, d'où les petites choses qu'il avait pu m'apporter. Il avait appris l'arrestation de Joe par les gars du transport précédent et savait que je serais dans le suivant.

Honza était mon ange gardien. C'est lui qui m'avait envoyé Tommy. Il m'a proposé de me mettre de côté mes montres en cas d'urgence, si je tombais malade et que j'avais besoin de médicaments. Le block des enfants était le lieu le plus sûr du camp, disait-il, et c'était vrai, pour des raisons que je ne réussirais jamais vraiment à comprendre. Son adjoint était le mari d'une ancienne apprentie de ma mère. Il m'a déshabillée du regard après nous avoir rejoints et m'a tout de suite dit que je ne pourrais pas garder les bottes de cheval que je portais, mais il pouvait les mettre de côté pour les sauvegarder.

Je n'ai pas su interpréter le regard de Honza et j'ai accepté. Son adjoint avait les pieds relativement petits pour un homme et on a fait l'échange. Il était évident que mes bottes lui écrasaient les pieds et que je flottais dans ses chaussures, mais il était ravi du troc, ce qui m'était bien égal. Par ailleurs, il m'a promis qu'on rééchangerait dès que la pression retomberait.

Cette première nuit interminable m'a appris à me méfier des prisonniers polonais, qui détestaient les Juifs autant que les nazis, quand ce n'était pas plus. Les détenus portaient sur la manche un petit triangle de couleur qui signalait leur statut, notamment juif, prisonnier politique ou criminel. Certaines de ces catégories se chevauchaient, si bien qu'il y avait, par exemple, des Juifs parmi les détenus classés Politiques. Il s'agissait essentiellement de communistes, de socialistes et autres adhérents d'un large éventail des partis d'opposition de toute l'Europe. Certains avaient fait de cinq à huit ans de prison avant d'arriver à Auschwitz.

Les mieux placés étaient les Polonais, ne serait-ce que parce qu'ils étaient là depuis l'ouverture du camp en 1940. Comme ils étaient volontiers antisémites, ils avaient l'oreille des Allemands, qui n'hésitaient pas à s'appuyer sur eux. La plupart avaient été arrêtés individuellement pour une raison spécifique ou par mesure de prévention.

Par définition, le contingent criminel comprenait des criminels de droit commun comme il y en a partout, dont beaucoup étaient condamnés à perpétuité. Vu la longueur de leur peine, ils étaient souvent kapos et greffiers dans différentes sections du camp et avaient accès à des informations qui ne concernaient pas seulement Birkenau. Beaucoup d'entre eux étaient proches des SS – peut-être ce qu'on appelle des âmes sœurs ? À l'opposé, les Juifs et les Tsiganes étaient au bas de l'échelle. Nous n'étions pas considérés comme des prisonniers politiques, alors que, de mon point de vue, c'est tout ce que nous étions.

Les queues devant les tables diminuaient lentement. Mon cours d'initiation arrivait à sa fin, Honza avait besoin de dormir. Je me suis levée pour aller me présenter. Les greffiers commençaient à fatiguer et étaient moins hostiles et moins directifs qu'au début. Je leur ai donné mes coordonnées, je me suis fait tatouer l'avant-bras gauche vite fait, mais je n'ai rien senti. On m'a assignée au block 12, avec les femmes plus âgées qui se retrouvaient en bout de queue. Au début, cela m'a déconcertée, mais finalement ce fut ma chance.

Il se trouve que la kapo du block 12, Nina, était une amie que j'avais connue à Theresienstadt. Elle était cuisinière, et je lui avais confectionné plusieurs vêtements. Elle m'a accueillie à bras ouverts et m'a tout de suite prise sous son aile. Elle m'a attribué une couchette en hauteur située près d'une petite lucarne. De temps en temps, elle me glissait un morceau de salami ou de pain, et elle veillait à ce que j'aie de la soupe qui vienne du fond de la marmite. C'était l'une des dernières survivantes du transport de septembre 1943, et elle était dans une position relativement sûre parce qu'elle était d'une grande beauté, avec des yeux bleus et de longs cheveux blonds, et qu'un kapo allemand, prisonnier de droit commun, était sincèrement amoureux d'elle. Elle en profitait non seulement pour garder sa mère avec elle et être mieux nourrie, mais pour éviter que notre block soit trop mal traité.

À l'aube, un curieux petit bonhomme avec un brassard aux initiales CP (Cripo, la police criminelle) s'est pointé et s'est mis à faire les cent pas près de la cheminée de brique horizontale qui longeait le baraquement. Il était juif, comme nous tous, mais semblait pénétré de son importance à un point inimaginable, comme une caricature SS – sans une once d'humour. L'image même de ses maîtres.

Il nous a fait un laïus très strict sur ce qui se faisait et ne se faisait pas dans le camp, en nous menaçant des feux de l'enfer. Il était surtout interdit de garder quoi que ce soit. Les manteaux qui dépassaient de cinquante centimètres ? *Verboten*. De même que les bas, les bijoux, les chaussures et, bien entendu, l'argent. Nous serions fouillés plusieurs fois, et la moindre résistance entraînerait des pénalités rédhibitoires.

Si je n'avais pas été aussi ahurie et épuisée, j'aurais éclaté de rire en voyant son numéro. À peine a-t-il tourné les talons que je me suis affairée. J'ai sorti de ma poche une paire de ciseaux à ongles que j'avais gardée et j'ai décidé de raccourcir mon manteau en poils de chameau, en parfait état. C'était la dernière pièce de notre collection Printemps 1939, inspirée par un modèle de Marcel Roche. J'ai mis plusieurs heures à tailler dans le tissu épais, puis plusieurs autres à faire un ourlet avec les fils que j'avais retirés des coutures.

Je venais de finir quand notre Cripo-clown est revenu avec plusieurs hommes de main, et la collecte a commencé. Les manteaux étaient empilés sur la cheminée. Les bagues, les stylos à encre, les rouges à lèvres, même les boutons étaient rassemblés dans un grand sac. Les types sont arrivés devant moi, mais j'ai haussé les épaules.

« Vous avez encore votre alliance ! a braillé le Cripo. Pour qui vous vous prenez ? Pour une espèce de privilégiée ? »

J'étais tellement concentrée sur mon manteau que j'avais oublié mon alliance. Je l'ai retirée soigneusement et je l'ai balancée dans le sac.

16

À peine la quarantaine levée, Kitty s'est précipitée dans notre baraquement.

« Qu'est-ce que tu fais ici ? Tu es folle, tu ne savais pas qu'on va tous être brûlés le 20 juin ? Tu aurais dû fuir le jour où ils ont mis Joe sous les verrous. La seule raison pour laquelle nous, les gens de décembre, on est encore en vie, c'est que ces salauds veulent un chiffre bien rond pour leur opération, et on n'était pas assez de survivants du mois de mars. Tu ne savais pas qu'ils ont balancé 3 750 jeunes prisonniers dans la cheminée pour commémorer l'anniversaire de Masaryk ? Le transport de mars était prévu pour les remplacer. Personne ne sort d'ici vivant. La limite est six mois, pas plus. Pourquoi diable est-ce que tu es venue ? »

J'étais assise en face d'elle, persuadée qu'elle délirait. Où était passée Kitty, mon amie d'enfance, si à l'aise en société, avec ses beaux yeux noirs, toujours rieurs, même quand elle était sérieuse ? Fini : ses yeux ne restaient plus en place une seconde, roulant de droite à gauche alors qu'elle déversait son galimatias sans queue ni tête. Pourquoi Honza ne m'avait-il rien dit ?

Une étrange sensation s'est alors emparée de moi. J'ai fixé le tatouage sur mon bras et peu à peu, telle une image floue dans un objectif, je l'ai vu se détacher et se transformer en deux bras. Dont un seul était tatoué. J'ai voulu refaire le point, mais l'image a continué à flotter jusqu'à ce que nous soyons deux : A-4116 et moi. « Qu'est-ce qu'elle fait ici, la pauvre ? Je la connais. Elle me fait de la peine. Je veillerai sur elle. C'est mon portrait caché. »

« Écoute-moi, a repris Kitty. Tu ne crois pas un mot de ce que je viens de te dire, ça se voit sur ton visage. Viens, je vais te montrer. »

A-4116 est descendue de sa couchette avant de suivre Kitty jusqu'au milieu du camp. Son amie lui a montré plusieurs cheminées qui crachaient de la fumée dans le ciel et A-4116 a remarqué une odeur particulière, comme des cheveux ou des os en train de brûler.

Toujours aussi défiante, elle a répondu à Kitty : « Arrête, c'est impossible. De toute façon, comment tu peux savoir ? Le camp est immense, ils sont peut-être en train d'incinérer les corps de gens morts naturellement. Tu connais l'obsession des Allemands pour l'hygiène. Je te rappelle qu'il y a suffisamment de personnes malades et âgées pour alimenter un crématorium.

— Ah oui ? Et tu peux m'expliquer comment 3 750 personnes ont pu disparaître en une nuit ?

— Elles ont peut-être été déportées ailleurs. On est en 1944. C'est à ça que ça sert, le droit international. Jamais ils ne pourraient tuer à une échelle pareille sans être inquiétés. Tu as oublié le monde extérieur, il pourrait infliger le même traitement aux prisonniers allemands.

— Je rêve, c'est pas possible d'être aussi naïve. Le monde extérieur se fout de ce qu'il nous arrive – je te parie qu'ils n'y croiraient pas, même sur place. Comme toi. Et Nina, ta kapo ? Pourquoi penses-tu qu'elle est encore en vie – avec sa mère ? Son bon ami s'est débrouillé pour les planquer dans le block des malades du typhus, dans le camp de la quarantaine, parce qu'il savait ce qui se tramait, il savait que le block du typhus serait épargné. Tous les planqués sont dans ton block. Vas-y, demande-leur. »

Les deux filles parlaient en allant et venant le long de la route centrale du camp et en saluant des amis. A-4116 était frappée de voir à quel point ils avaient changé depuis Theresienstadt. Ils avaient tellement maigri qu'ils flottaient dans leurs vêtements et leurs souliers, et ressemblaient à des figurants de *L'Opéra de quat'sous*. Ils se cramponnaient tous à un petit baluchon et se dépêchaient pour aller on ne sait où. Il y avait beaucoup de monde, parce que c'était le seul moment de la journée où les hommes et les femmes avaient le droit de se voir.

La route était flanquée de sept baraquements à droite et à gauche, avec des latrines au milieu de la partie des femmes. Birkenau formait un grand rectangle entouré de deux clôtures de fils barbelés électrifiés à haute tension. D'un côté se trouvaient un grand portail surmonté d'un panneau annonçant ARBEIT MACHT FREI (« Le travail rend libre ») et, au-delà, les maisons des gardiens. De l'autre, on apercevait un dépôt de gare.

Des deux côtés, il y avait des espèces de cages gigantesques qui s'étendaient à perte de vue.

Le signal de l'*appell* a retenti. Chacun devait rentrer dans son baraquement. Le mouvement avait lieu deux fois par jour et durait une à trois heures, tout dépendait de l'efficacité de l'officier responsable. Les occupants de chaque baraque devaient se mettre en rangs par cinq à l'extérieur et être au garde-à-vous quand l'officier SS arrivait. Le kapo annonçait le nombre de personnes présentes, de malades et de morts. Le SS entrait pour vérifier, puis recomptait le nombre de détenus présents. A-4116 observait l'opération d'un regard curieux et impassible, amusée de voir les efforts du kapo et de ses deux adjoints, un assistant et un greffier, pour maintenir les rangs en ordre – une mission difficile quand on sait que ni l'un ni l'autre n'avait de formation militaire.

Son sourire disparut quand on lui fit comprendre que, si les rangs n'étaient pas parfaits, le kapo se prendrait une pluie de coups sur la tête et tout le monde serait obligé d'attendre que l'ordre soit rétabli. En face, devant le block d'hommes 13, le kapo était tellement zélé qu'il frappait et giflait les détenus pour qu'ils se redressent avant même l'arrivée de l'officier.

Tout à coup, elle le reconnut. C'était Richard, un copain de sa bande à Theresienstadt. Quelle mouche l'avait piqué ? C'était un type un peu costaud qui était avant-centre dans l'équipe de football et parlait comme un charretier. Ce jour-là, son comportement était d'une brutalité inimaginable. Elle se demanda si son attitude vis-à-vis de la fille avec qui il sortait à Theresienstadt, qu'elle connaissait bien, avait aussi changé.

L'*appell* était fini, c'était l'heure de la tambouille. Une ration de soupe et un morceau de pain de 7 centimètres d'épaisseur pour tenir vingt-quatre heures. Certains le mangeaient en entier ; d'autres le coupaient consciencieusement en trois quignons, en mangeaient un et cachaient les deux autres dans un petit ballot qu'ils glissaient sous leur matelas. La nuit commençait à tomber plus tôt. Les lumières furent éteintes. La journée était finie.

A-4116 était allongée sur son châlit, les yeux grand ouverts, incapable de dormir alors qu'elle venait de passer soixante heures sans fermer l'œil. Des images défilaient dans son esprit, comme un montage de film devenu fou. Les cheminées, les gens en loques, les yeux de Kitty, les cheminées, Honza et son doux sourire, Richard aboyant et s'acharnant contre un vieillard, les fils barbelés, les bergers allemands, les cheminées, Nina, le visage de Mutti, Père – où étaient-ils ? –, une boule de feu tournoyait devant elle, et elle crut entendre la voix de Mutti : « Tu n'as qu'un devoir vis-à-vis de nous, survivre. »

« Je tiendrai, dit-elle tout haut. Je survivrai. »

17

Sans surprise, A-4116 fut assignée à l'atelier de couture. À en juger par l'état dans lequel étaient les uniformes, la guerre ne se passait pas très bien pour les Allemands. À Theresienstadt, les boutons étaient arrachés et les ourlets déchirés ; à Birkenau, c'étaient des trous béants qu'il fallait rapiécer et des taches sombres qui ne pouvaient être que du sang. Qu'importe, il fallait raccommoder les uniformes pour qu'ils aient une seconde vie.

C'était une maigre consolation pour un ventre affamé. Le soir, il lui arrivait de se promener avec Kitty et d'aller voir Honza dans le block des enfants, là où vivait Gisa. Les enfants adoraient Honza, car ils étaient sensibles à sa bonté naturelle. Sa mère aussi l'adorait, et ils avaient une vraie relation à deux, puisqu'il avait perdu son père quand il était petit. À Birkenau, comme à Theresienstadt, ils marchaient bras dessus, bras dessous, et jamais une fille n'aurait osé l'aborder alors que c'était un des plus beaux et des meilleurs partis. Il avait décidé d'aller à Auschwitz le jour où il avait appris que sa mère y était envoyée. C'était une des rares personnes que le camp n'avait pas dénaturée.

A-4116 lui demanda : « Pourquoi tu ne m'as rien dit sur les cheminées le soir où je suis arrivée ?

— À quoi bon ? Je savais que tu finirais par comprendre, et je suis persuadé qu'on va s'en sortir. Dieu sait que je n'ai pas d'explication rationnelle, mais quelque chose me dit que cette fois-ci, c'est différent. Il risque d'y avoir un soulèvement. Peut-être que quelqu'un mettra le feu au camp. En tout cas, une chose est certaine, personne n'ira à la chambre en gaz en chantant l'hymne national comme en mars. On est trop jeunes pour mourir sans se battre, on se révoltera avant leur maudite date butoir. Pas un mot, je compte sur toi. Attention, les murs ont des oreilles. Ne fais confiance à personne, même à ceux que tu connais depuis longtemps. Ici, les gens sont métamorphosés. »

Perdue dans ses pensées, A-4116 sortit au soleil et se dirigea vers le block de Kitty.

« Tiens, regarde qui arrive. *Nazdar !* Salut ! »

Deux jeunes gens avec qui elle allait danser quand elle était adolescente souriaient face à elle, dont l'un avait été vendeur dans un magasin de tissus à Prague.

« Toujours aussi élégante, mademoiselle, dit Willy.

— Ouais, et libre, si je comprends bien, ajouta Mirko.

— Comment tu trouves ce joli village ?

— Je parie que tu t'es débrouillée pour que la Cripo ne te pique rien. Qu'est-ce que tu as réussi à garder ?

— Pas grand-chose, deux montres, mais je n'ai pas l'intention de les mettre en vente, si c'est ça que vous voulez savoir.

— Je te préviens, si tu les caches dans ta paillasse, tu n'en as pas pour très longtemps, fit Mirko. Ils trouvent tout.

— Ne vous inquiétez pas. Elles sont bien planquées, jamais je ne vous dirai où. Salut ! »

A-4116 reprit son chemin et alla jusqu'au block 4, où Sylva, une des plus jolies filles de Prague, était kapo. C'était une enfant gâtée et une tête de linotte qui prenait son rôle très au sérieux. Elle régnait sur son block comme si c'était un duché dont les détenues étaient ses vassales. Curieusement, celles-ci étaient nombreuses à y croire et à jouer le jeu.

Elle avait un chevalier et amant en la personne d'un certain Heini, un kapo d'un autre quartier d'Auschwitz qui débarquait régulièrement à Birkenau avec des vivres. C'était un prisonnier de droit commun de Hambourg, condamné à une peine de quatre-vingt-dix-neuf ans pour vol à main armée. À part ça, il avait un cœur d'or et c'était un chic type. Les SS l'appréciaient et l'invitaient souvent à boire avec eux. Il était doué de talents diplomatiques innés et avait l'art de leur tirer les vers du nez pour savoir ce qu'ils prévoyaient pour Birkenau.

Heini était une des meilleures sources d'information du camp, non seulement pour la vie quotidienne, mais pour avoir des nouvelles de la guerre. Heureusement qu'il était proche de détenus masculins, parce que ses propos étaient complètement déformés par Sylva. Kitty avait proposé à A-4116 de négocier avec celle-ci pour être transférée dans le block 4, mais, après avoir assisté à une scène de quelques minutes, A-4116 avait poliment décliné, préférant dormir au-dessus des vieilles dames dans le block 12 avec Nina. Elle serait plus isolée, mais ça valait mieux que d'être dame d'honneur de cette parodie de cour.

La sélection des kapos était une des curiosités de Birkenau, car ils étaient tous jeunes. Les SS préféraient manifestement avoir affaire à des visages avenants et des corps souples. Du moins pour les femmes. Les hommes, eux, étaient choisis pour leur talent de footballeur. Les SS adoraient les regarder jouer, eux-mêmes étant trop paresseux ou trop ivres pour taper dans un ballon. Les Cripos étaient sélectionnés pour leur absence de scrupules après une période d'observation soignée.

Autre curiosité de Birkenau, les latrines, qui étaient le principal lieu de rendez-vous du camp, surtout quand il faisait mauvais et aux heures de travail. C'était juste une fosse avec des planches carrées à droite et à gauche, un côté pour les hommes et un côté pour les femmes, sans aucune séparation. Il fallait avoir un bon sens de l'équilibre pour ne pas tomber. Au bout d'un certain temps, on arrivait à reconnaître ses amis à leurs fesses. Le papier hygiénique ou autre n'existait pas. En face des planches, dix lavabos en étain avec des robinets tenaient lieu de sanitaires ; c'était tout pour les 10 000 détenus. L'eau des lavabos s'écoulait dans la fosse suivant un dispositif particulièrement ingénieux.

Curieuse d'en savoir plus sur les événements de mars, A-4116 alla voir Nina un soir.

« Comment se fait-il que toi et plusieurs personnes du transport de décembre vous soyez encore en vie ?

— Personne ne t'a dit qu'on a eu la fièvre typhoïde, maman et moi ? répondit Nina. C'est aussi simple que ça. Mais je n'ai pas envie d'en parler. Qu'est-ce que tu veux savoir, à part ça ?

— Pourquoi est-ce qu'il n'y a qu'une femme avec les cheveux rasés à Birkenau, alors que dans les autres complexes, elles ont toutes le crâne tondu ?

— À Auschwitz, toutes les femmes ont les cheveux rasés sauf les kapos et les détenues de Birkenau. Sarah, la kapo du block 2, c'est une autre histoire. Plutôt drôle, si tu as encore le courage de rire. Tu as vu que c'est pas facile d'avoir un peu d'intimité avec son homme dans ce trou, même si tu es kapo. Du coup, son mari et elle pensaient que la cuisine serait un refuge sûr pour faire quelques galipettes après l'*appell* du matin. Ils se sont bien amusés, jusqu'au moment où ils ont été interrompus par un SS qui avait décidé d'inspecter la cuisine. Son mari a boité pendant des semaines tellement il a été tabassé, et elle a eu la tête rasée.

— Tu vas voir, quand il s'agit de se distraire, les Allemands sont très inventifs. Prends les gamins. Je veux dire les garçons entre 12 et 15 ans. S'ils sont mignons, c'est une catastrophe pour eux. Peu importe les lois raciales d'Hitler, les SS les amènent près de leurs baraquements, leur offrent toutes sortes de friandises et les autorisent à faire ce qui leur plaît avec les autres détenus. Du moment qu'ils sont blonds aux yeux bleus. Quand ils en ont assez, il arrive qu'ils les pendent ou leur tirent dessus pour se distraire, mais en général ils les renvoient dans les baraques des hommes, où ils sont impossibles à maîtriser. Le frère de Sylva, Eddie, est un *peeple* – c'est comme ça qu'on appelle les garçons. Il est tard. Tu as faim ? Tiens, je te donne un bout de salami, mais ne le montre pas aux autres. Va te coucher, va. »

18

Le lendemain matin, avant la principale pause soupe, Eddie a débarqué dans l'atelier. Debout face à A-4116, il lui a annoncé : « Cripo Schlesinger t'attend dans son bureau. Dépêche-toi. »

Elle y est allée et elle a découvert le clown rayé vautré derrière un bureau.

« Tu te crois plus maligne que moi ? Elles sont où, ces montres suisses ? Tu sais que c'est interdit de cacher des objets de valeur aux autorités ? Tu le sais, oui ou non ?

— Oui, bien sûr que je le sais, mais je ne cache rien. Pourquoi est-ce que vous n'envoyez pas quelqu'un perquisitionner ma couchette ou vous ne me fouillez pas ici ?

— Tu mens et en plus tu le sais, mais tu vas voir ce que tu vas voir. On va te raser la tête, et cette fois-ci tu te souviendras peut-être de la vérité. »

Schlesinger était là, vociférant, le crâne de plus en plus rouge, quand soudain la porte s'est ouverte, et Willy et Mirko, ses deux anciens partenaires de danse, sont entrés avec des bijoux qu'ils avaient trouvés sur une vieille femme du block de Nina, alors qu'on les avait envoyés à la recherche du trésor de A-4116. Les trois lascars ont échangé pour savoir comment diviser le butin. Voyant qu'ils l'avaient oubliée, A-4116 s'est faufilée hors de la pièce avant de retourner travailler en caressant joyeusement ses tresses. Avec un peu de chances, Schlesinger se calmerait et lui ficherait la paix.

Échaudée par l'épisode, elle se retira peu à peu dans un monde peuplé d'anciennes connaissances, en nourrissant les rêves de fuite les plus extravagants. Son retrait lui valait la réputation d'être arrogante et snob. Le soir, elle passait des heures à échafauder des projets d'évasion très précis. Il fallait qu'elle se débrouille pour trouver une pince coupante, taille le fil barbelé, arrive jusqu'à la rampe et se cache sous le plancher d'un wagon à bestiaux. Si le comte de Monte-Cristo arrivait à s'échapper du château d'If, elle pouvait aussi s'échapper d'ici. Avec le jour naissait la conscience terrifiante que ses rêves n'étaient que des vœux pieux.

Certains soirs, elle brodait sur un amour platonique qu'elle avait vécu à 17 ans avec un jeune homme qui avait émigré. Elle imaginait de folles nuits qui n'avaient jamais eu lieu, sentait ses bras autour d'elle, reconnaissait l'odeur de sa pipe. Curieusement, son mari était exclu de ces fantasmes sexuels. Pourtant, il lui manquait. Elle aurait été si heureuse de l'avoir à ses côtés, ne serait-ce que pour éloigner des voyous comme Mirko et Willy.

Elle était surprise de voir qu'elle n'avait aucune pitié pour les vieilles dames avec qui elle cohabitait et perdait patience quand elles lui posaient des questions trop naïves. Elle se méfiait si quelqu'un lui proposait de lui rendre un service ou lui en demandait un. Les seules personnes à qui elle faisait confiance étaient Kitty, Honza, Gisa et sa tante Hella, une cousine de Mutti sur qui elle était tombée dans le block 2.

Mais, là aussi, elle se protégeait en gardant une certaine distance – pour différentes raisons dans chaque cas. Elle allait les voir de temps en temps, mais, quand elle revenait, elle se sentait plus seule que jamais. Elle était sans cesse affamée, mais elle évitait de déranger Honza, de peur d'avoir l'air de mendier. C'était un des rares hommes du camp qui n'exigeait, et encore moins attendait, aucune rétribution. Flirter et lutiner signifiaient se prostituer pour avoir de la nourriture. Non pas qu'elle jugeât ses paires, mais elle n'en était pas là.

Elle avait toujours adoré sa tante Hella, mais sa ressemblance avec Mutti était trop douloureuse à supporter, elle fuyait sa sollicitude et son regard bienveillant. Gisa avait plus que jamais besoin d'elle, elle le savait, mais elle était incapable d'engager la conversation avec elle. Gisa devait avoir le même sentiment, car leurs promenades se faisaient de plus en plus rares. Même Kitty n'était plus tout à fait la même ; sa peur frôlait la paranoïa. Elle trônait au milieu de leur vieille clique de Prague, des filles qu'elle méprisait parce qu'elles étaient aux pieds de Sylva, mais il arrivait qu'A-4116 rêve d'en être.

Le mois de mai se mua en mois de juin, l'atmosphère dans le camp était de plus en plus violente et tendue. Les SS s'adonnaient à leur divertissement préféré, qui consistait à convoquer entre cinquante et plusieurs centaines de détenus pour une séance de gymnastique suédoise. Ils leur ordonnaient de faire des pompes et des pliés, et de courir jusqu'à ce que la moitié au moins s'écroulent, brisés de fatigue. Chaque prisonnier à terre ajoutait à leur vil plaisir, comme s'il prouvait leur théorie sur l'infériorité de la race juive.

Le signal que tout le monde redoutait était la distribution de cartes postales à envoyer à des amis ou des parents à Theresienstadt. C'est ce qui s'était passé en mars : on avait obligé les condamnés à écrire qu'ils allaient bien et travaillaient. Les cartes étaient datées du 25 mars alors qu'ils avaient été éliminés le 7. Comme l'*Aktion* de mars avait eu lieu six mois exactement après l'arrivée du transport de septembre, les personnes arrivées en décembre devaient disparaître en juin. Les deux transports étaient désignés comme *Rückkehr Unerwünscht* (« Retour non souhaité »). Les détenus arrivés en mai étaient plus optimistes, parce qu'ils n'avaient pas vécu la catastrophe. Ils n'étaient là que depuis quelques semaines et étaient épargnés par l'hystérie collective. L'idée leur semblait même grotesque, en dépit des preuves du contraire.

L'angoisse fut à son comble le 10 juin 1944, le jour où l'on distribua effectivement des cartes postales. Les détenus devaient indiquer *Birkenau*, avec leur nom et leur date de naissance, comme adresse de retour. Il était impossible de transmettre la moindre information, vu le nombre de mots autorisés. Même les codes mis au point plus tôt étaient difficiles à comprendre à Theresienstadt. Les rumeurs d'Auschwitz y étaient peut-être arrivées, mais le nom « Birkenau » ne signifiait rien et n'était associé à rien. Fidèle au pacte passé avec ses amis suivant lequel elle exprimerait exactement le contraire de ce qu'elle voulait dire, A-4116 écrivit : « Je vais très bien. Vous me manquez. » De toute façon, vu ce qui arriva à la population de Theresienstadt, ces messages étaient complètement inutiles.

Au sein de Birkenau, les plans et les complots se multipliaient ; la rébellion et la rage étaient palpables. Une semaine plus tard, un jeune détenu sportif et boute-en-train craqua et se jeta contre les clôtures électriques, alors que des sacs entiers de réponses venaient d'arriver de Theresienstadt. Les prisonniers reçurent l'ordre d'écrire de nouvelles cartes datées du 21 juin.

Le 18 juin, Heini, l'ancien cambrioleur, débarqua avec une information stupéfiante : le traitement des Juifs allait complètement changer. L'ordre venait directement de Berlin, disait-il, de Göring en personne. L'idée n'était plus de tuer les Juifs en mesure de travailler, mais de les envoyer dans des bassins où l'on manquait de main-d'œuvre et de les laisser mourir naturellement.

Il implorait les gens de rester calmes. Une sélection aurait lieu quelques jours plus tard : des détenus entre 15 et 40 ans seraient choisis et envoyés dans des camps de travail. Les femmes ayant des enfants étaient exclues, de même que les plus âgées et les plus jeunes. Il valait mieux ne pas se rebeller, parce que cela était voué à l'échec et mènerait à l'anéantissement total du camp. Heini était évidemment content de savoir que sa chère Sylva serait sauvée. Il avait prévu de fuir pour la retrouver et l'épouser si le front russe se rapprochait suffisamment.

Son problème à elle était de ne pas se séparer de sa mère, qui avait 44 ans.

C'était trop beau pour être vrai : le 20 juin 1944, le block des enfants fut aménagé pour permettre la première sélection d'hommes. Le Dr Mengele, le médecin SS responsable de l'opération, entra et choisit plusieurs bambins avec qui il se mit à rire. Puis la sélection des hommes les plus robustes et les plus sains commença. L'opération prit toute l'après-midi et, sitôt qu'elle fut finie, les hommes désignés furent priés de sortir du camp à marche forcée. Des heures d'attente angoissée suivirent. Les plus pessimistes pensaient que c'était une ruse pour se débarrasser des détenus les plus forts parce que les Allemands avaient eu vent des projets de rébellion.

Les heures passèrent, puis les jours, les femmes et les mères des hommes se relayaient pour surveiller la rampe et voir s'ils étaient embarqués dans un train. Le 1er juillet parut donner raison aux plus pessimistes, puisque ce jour-là apparut sur la rampe un flot de détenus au crâne rasé vêtus d'un uniforme de prisonnier gris flambant neuf. Une fillette envoyée en éclaireur donna le signal, quand soudain la moitié des femmes du camp se précipitèrent devant les clôtures électrifiées pour vérifier que c'étaient bien leurs hommes. La distance était trop grande pour qu'elles puissent identifier leurs visages, mais les hommes dont le regard était tourné vers le camp agitaient les bras et leur envoyaient des baisers de la main. En larmes, les femmes assistèrent au chargement du train et le virent s'ébranler.

Au début de l'après-midi, l'opération reprit avec les femmes. La tempête menaçait, et le ciel était de plus en plus noir quand 2 500 femmes furent enfermées dans le block des enfants. Toutes se réfugièrent dans un coin sans un mot, terrifiées, tandis que de l'autre côté se tenait le Dr Mengele, les bras croisés sur sa poitrine couverte de décorations, debout dans de grandes bottes de cheval noires brillantes, au milieu de ses aides et de ses greffiers.

Soudain, quelqu'un aboya et leur ordonna de se déshabiller et de poser leurs vêtements sur le bras gauche. Une longue queue se forma. Arrivée face au médecin, chaque femme devait se mettre au garde-à-vous et répondre à une série de questions. Mengele leur indiquait d'un léger mouvement du pouce si elles devaient se diriger du côté droit ou gauche de la pièce. La répartition était claire : le groupe de gauche était destiné à brûler dans les cheminées, puisqu'il comprenait les faibles, les femmes qui avaient l'air âgées, celles qui avaient des lunettes et celles qui semblaient craintives.

La tempête était juste au-dessus de nos têtes. Le tonnerre grondait, et les éclairs semblaient transformer la scène – plusieurs milliers de femmes nues face à vingt Allemands chaussés de bottes et vêtus d'uniformes verts – en une hallucination née dans le cerveau d'un peintre surréaliste fou.

A-4116 suivait l'opération avec un intérêt mêlé de froideur, notant mentalement que les filles jeunes et en bonne santé avec une cicatrice d'appendicectomie finissaient du mauvais côté ; que par un étrange hasard toutes s'étaient muées en couturières, ouvrières ou fermières ; et que toutes les femmes au foyer avaient disparu.

Arrivée face au médecin pressé, A-4116 subit un feu de questions :

« Numéro ?

— A-4116.

— Âge ?

— Vingt-quatre.

— Mariée ?

— Oui.

— Des enfants ?

— Oui.

— Profession ?

— Électricienne.

— Quoi ? Électricienne ? C'est vrai, ça ?

— Oui.

— Vous savez retirer des fils et ce genre de choses ?

— Oui.

— À droite – et notez-le bien », ordonna-t-il au greffier.

Soulagée, elle se dirigea vers Kitty qui venait de passer le test et se rhabilla. Les autres filles s'approchèrent, curieuses de savoir pourquoi le rythme métronomique de l'opération avait changé. A-4116 leur avoua tout bas qu'elle avait eu l'idée de se dire électricienne au dernier moment, paniquée, pour éviter que le médecin voie la cicatrice de son opération de l'appendicite. C'était un demi-mensonge puisque son père était ingénieur électricien et l'avait encouragée à apprendre à réparer un fil abîmé ou un appareil.

Le lendemain, les Allemands auraient oublié, mais pour l'instant, dit-elle, ça lui avait sauvé la vie. Beaucoup de filles avaient menti, du reste, surtout sur leur âge et leur profession, mais avec plus ou moins de succès. Une seule avait nié avoir un enfant – un petit garçon de 4 ans qu'elle avait eu à 17 ans –, mais personne n'était assez cruel pour lui en vouloir. Elle ne pouvait pas le sauver, même en restant à son côté.

Le soir, après la sélection, les adieux furent difficiles pour les heureuses élues qui devaient quitter le camp. A-4116 commença par aller voir sa tante Hella, qui était son dernier lien avec la génération de ses parents. Elle la trouva sereine, ne trahissant aucun signe de peur alors qu'elle était sûre de mourir. Les deux femmes s'assirent en se serrant longuement dans les bras. La plus jeune ne disait pas un mot, absorbant toute la chaleur maternelle de sa tante ; la plus âgée répétait ce que Mutti lui avait dit au moment de leur séparation, l'encourageant à lutter pour survivre. Hella lui demanda de ne pas s'apitoyer sur son sort, parce qu'elle avait horreur de ça : elle avait eu une belle vie et conservait nombre de bons souvenirs avec Mutti. Ses réflexions étaient étrangement familières à l'oreille de A-4116.

En rentrant, elle tomba sur Gisa, qui se dirigeait vers le block 12. La fillette avait à la main les souliers qu'elle lui avait donnés à Theresienstadt parce que les siens n'étaient plus à sa taille, et elle marchait pieds nus. Elles rentrèrent ensemble dans le block et s'assirent sur la couchette en se tenant la main. Gisa voulait lui rendre ses chaussures, parce qu'elles étaient de meilleure qualité que celles que A-4116 avaient récupérées après les avoir échangées contre ses bottes, que personne ne lui avait jamais rendues. « Je n'en aurai plus besoin, non ? » dit-elle.

Que répondre à cette enfant qui avait tout compris alors que les adultes essayaient de lui cacher la vérité ? Elle avait 13 ans, mais elle n'était pas assez développée physiquement pour en paraître 15 et donc ne pouvait être éligible pour la sélection. Plusieurs filles de son âge avaient réussi à passer entre les mailles du filet, ainsi qu'une douzaine de femmes de plus de 40 ans qui en paraissaient moins, mais la devise des dirigeants restait plus que jamais d'actualité : « Un camp de concentration n'est pas un jardin d'enfants. »

Tout le monde se dit adieu, mais les femmes qui s'en allaient avaient le cœur plus lourd que celles qui restaient. Le tonnerre et les éclairs étaient passés, le calme régnait.

19

Le lendemain matin avant l'*appell*, les femmes qui avaient été choisies ont été convoquées par leur numéro et leur nom. Elles sont sorties de leurs baraques avant de parcourir 2 kilomètres à marche forcée jusqu'à ce qu'elles arrivent devant un immense complexe annoncé par un panneau : KONZENTRATIONSLAGER A I FRAUEN-LAGER.

Le camp était beaucoup plus grand et plus bondé que Birkenau. Les baraquements étaient en pierre. Les routes étaient en meilleur état, alors qu'elles étaient construites sur la même terre de couleur ocre, mais consolidées par des pavés. Les SS n'étaient pas des hommes mais des femmes, et ils étaient beaucoup plus visibles. Les détenues portaient des uniformes rayés en loques, et la plupart étaient beaucoup plus ravagées que les femmes de Birkenau. Seules faisaient exception les kapos et leurs adjointes, qui respiraient la bonne chère et la propreté, avec de longs cheveux noués en queues-de-cheval et un ruban noir impeccable. Elles avaient avec elles de jeunes messagères qui dégageaient la même impression et rappelaient les *peeples* de Birkenau. Il était difficile de ne pas penser à un petit pékinois ou à un caniche quand on les observait.

La majorité des détenues avaient les cheveux rasés ou en brosse qui commençait à peine à repousser. Il devait être interdit de marcher, car elles semblaient courir en permanence.

Les nouvelles arrivantes ont été divisées en groupes de 500 et réparties dans des baraques basses, de style russe, avec des petites lucarnes. À l'intérieur, ce qui tenait lieu de couchettes était de longues planches de bois d'une profondeur de 1,50 m fixées aux murs, avec une structure du même genre au centre. Il n'y avait pas de paillasses, ni de couvertures, ni de paille. Les femmes ont été jetées dans ces espèces de cages sous un flot d'injures et de coups assenés par les gardiennes polonaises, avec ordre de ne pas bouger.

Les kapos étaient incapables de parler sur un ton normal, encore moins d'écouter ni d'entendre une question. Chaque phrase qu'elles hurlaient commençait par un juron. « Bande de traînées tchèques, vous vous prenez pour qui ? » Ou « Sales putes juives, vous mériteriez d'être noyées dans la merde, vous allez voir comment ça marche, Auschwitz ! Vous n'avez encore rien vu ! » Le tout en polonais, que beaucoup comprenaient, très peu parlaient, mais dont toutes devinaient le sens.

À peine montées à l'intérieur, les détenues ont dû ressortir pour l'*appell.* Un certain nombre ont été appelées par leur numéro et embarquées pour des raisons que l'on comprit plus tard. Les jumelles seraient convoquées pour des expériences médicales menées par le Dr Mengele dans l'hôpital du camp ; de même que des infirmières et plusieurs femmes qui auraient dû rester dans le camp A I, là aussi pour des raisons qui leur échappaient.

Les femmes SS allaient et venaient, inspectant les rangées de prisonnières au garde-à-vous. Il était interdit de parler. Quand soudain une surveillante a empoigné une fille qui chuchotait à sa voisine. Elle l'a obligée à s'agenouiller sur le sol en pierre et à tendre les bras au-dessus de la tête avant de lui poser une grosse pierre dans chaque main. Dès qu'un de ses bras faiblissait, une gardienne ou une kapo lui ordonnait de le tendre. Leur manège a duré des heures. À la fin de l'*appell*, la fille a dû être soutenue des deux côtés par des amies. Ses genoux ne supportaient plus son poids.

Une douzaine de tabourets ont été apportés, et la séance de coupe des cheveux a commencé. Heureusement, on ne nous rasait pas la tête. On nous coupait juste les cheveux au ras des oreilles. C'était plutôt bon signe, quand on sait qu'il est plus facile de couper les cheveux d'un corps vivant plutôt que mort. S'ils étaient destinés à la chambre à gaz, tous nos cheveux y seraient passés et auraient fini dans la boutique d'arts et traditions populaires allemands. De subtils mouvements de regroupement avaient lieu, car la séance était moins bien surveillée, et plusieurs filles, dont Kitty et A-4116, réussirent non seulement à sauver leur chevelure, mais à former une petite bande qui se jura de ne pas se quitter, quoi qu'il arrive. Les femmes avaient beau avoir assisté au départ des hommes, elles avaient du mal à croire aux informations pourtant précises de Heini.

À présent, les femmes avaient un besoin urgent d'aller aux latrines. Elles ont été réunies par dix sous la houlette de kapos, mais le temps passé sur place était strictement compté, et quiconque traînait trop aux yeux de la surveillante avait droit à des coups de fourche dans le derrière. Les coups étaient accompagnés par un torrent d'invectives déclinant toute la gamme des mots les plus grossiers des trois langues. L'écho de l'injure préférée des kapos – « Que le choléra t'emporte ! » – retentissait quand toutes les femmes furent renvoyées avec ordre d'attendre un nouvel *appell.* Suivit une tasse d'un breuvage noirâtre appelé café, enfin, et une tranche de pain, puis toutes furent enfermées à double tour dans leur baraquement.

L'obscurité fut l'occasion d'un nouvel assaut, cette fois-ci de la part de punaises gigantesques. Les bestioles avaient la taille de gros cafards adultes et attaquaient sans merci. Les planches de bois étaient tellement infestées qu'il était impossible de dormir sans se recroqueviller en sandwich entre ses voisines. Il suffisait qu'une femme se retourne pour que la rangée entière des cinquante autres soit obligée de se retourner. A-4116, que les bestioles avaient toujours adorée, était dévorée et ne pouvait plus fermer l'œil. Bravant l'interdiction de bouger, elle sortit de son grabat, glissa sur le sol en pierre et aperçut un tonneau protégé par une couverture. Elle l'attrapa pour se réchauffer et finit par s'endormir, bercée par la chaleur et la douceur. Le lendemain matin, elle dormait tellement profondément que Kitty et les autres mirent longtemps à la sortir de sa torpeur. Le tonneau contenait en fait du chlore, et la couverture était imbibée des émanations du produit.

Au réveil, le groupe fut conduit sous surveillance armée dans une partie d'Auschwitz où les attendaient de nouvelles détenues de Birkenau réunies devant une bâtisse marquée SAUNA. Le mot raviva leurs pires angoisses, car c'était un camouflage désignant les chambres à gaz. Des parterres de fleurs avaient été semés autour. A-4116 trouvait que le rouge vif des bégonias tranchant contre le gris lugubre du bâtiment avait quelque chose d'obscène. Dehors, surveillées par une escorte masculine de SS, les femmes reçurent l'ordre de se déshabiller et de déposer leurs vêtements et leurs chaussures en deux piles distinctes.

Terrifiées par les crises d'hystérie autour d'elles, les deux cousines se tenaient par la main sans un mot. Deux par deux, les femmes étaient lentement introduites dans une pièce où les attendait une grosse SS avec une blouse blanche sur son uniforme, debout à côté d'une table d'opération sale, munie d'étriers. Elle inspectait le moindre orifice de chacune d'entre nous avec des gestes brutaux, sans changer ses gants en caoutchouc. Déterminée à garder un souvenir de son fiancé, une des filles avait le poing serré sur une poignée de boutons de son manteau. Voyant qu'elle ne pouvait plus les conserver, elle finit par les avaler.

L'étape suivante était les douches. Les femmes y entraient par groupes de cent. Les ordres étaient les suivants : une minute d'eau ; une minute de frottement avec un ersatz de savon pour quatre ; une minute de rinçage ; silence obligé. Le troupeau entra à reculons dans la salle de douches, poussé par les gardiens et les kapos, le regard levé vers les pommeaux dont on disait qu'ils projetaient aussi bien du gaz que de l'eau.

Sh'ma Israel, Adonai Eloheinu[1], entendit-on murmurer. Une éternité suivit. Puis un sifflement venu du plafond : de l'eau ! De l'eau chaude et bouillante ! Un immense cri de soulagement retentit, et ce fut un ballet fou pour éviter les jets brûlants. À la sortie, de l'autre côté, chaque femme avait droit à un sous-vêtement et une liquette de prisonnier grise, et devait reprendre ses chaussures dans la pile à l'extérieur.

C'était impossible. Comment retrouver ses souliers dans un tel amas ? C'était une pagaille indicible, des bagarres insensées chaque fois que les filles reconnaissaient leurs chaussures aux pieds d'une autre.

À nouveau un *appell* interminable, et la *Lagerkommandant* arriva pour l'inspection. A-4116 était debout au premier rang quand celle-ci commença sa revue. *Achtung !* entendit-on. A-4116, qui avait retrouvé un peu de sa désinvolture naturelle, avait oublié de sortir les mains de ses poches.

La Kommandant s'arrêta pile face à elle. « Les mains hors des poches, sale Juive ! » brailla-t-elle en lui assenant une gifle du plat de sa main baguée. A-4116 chercha à se protéger, mais Kitty et une autre lui bloquèrent les coudes et elle fut incapable de bouger. Le groupe reçut l'ordre de sortir de A I et de se diriger vers la rampe.

1. *NdE* : « Écoute Israël, l'Éternel [est] notre Dieu, l'Éternel [est] un. » Il s'agit du premier verset de la prière du Chema.

Les détenues eurent droit à un morceau de pain chacune avant d'être chargées dans des wagons à bestiaux plus ou moins propres, couverts de paille fraîche. Heureusement, les portières étaient entrouvertes, d'une trentaine de centimètres, et, après une série de retards et d'instructions hurlées, le train finit par s'ébranler. Il avait du mal à prendre de la vitesse et mit au moins vingt minutes à sortir du complexe d'Auschwitz. Les bâtiments administratifs formaient une petite ville en soi. Il fallait la pleine lumière du jour pour mesurer l'immensité de cette usine de mise à mort. Un nombre incalculable de combinats carrés se suivaient, séparés par des clôtures de fil barbelé et jalonnés de miradors. Vus du train, les détenus formaient des colonies de fourmis qui semblaient ramper sur le sol.

Peu après, la vue changea. Le train roulait vers l'ouest et traversa une série de prairies en fleurs irriguées par des rivières débordant de vie : luxuriantes, vertes, incroyables. Les fermiers travaillaient dans les champs, les animaux paissaient, les gens vaquaient à leurs affaires, comme si c'était le signe inattendu que la vie continuait et était là pour être vécue, et qu'un jour, peut-être, nous y participerions de nouveau. C'était le 4 juillet 1944. Le soleil illuminait le ciel, la fumée d'Auschwitz s'éloignait quand une voix se mit à chanter :

« Le monde nous appartient.
Tout le monde y a sa place,
Et sur les ruines du ghetto un jour nous rirons. »

C'était une chanson de music-hall avant-gardiste qui avait été adaptée à Theresienstadt et que les prisonniers tchèques adoraient. Suivirent une autre chanson, puis une autre, et après avoir chanté tout le répertoire folklorique et populaire tchèque, nous finîmes par entonner « Old Man River » et « Anchors Aweigh ». La scène était inouïe, on aurait dit une excursion d'une auberge de jeunesse. Les ventres creux étaient oubliés, les femmes riaient, se taquinaient et se chatouillaient comme une bande de gamines déchaînées, ivres du bonheur de vivre. Même les surveillantes armées postées dans la cabine de chaque wagon avaient du mal à ne pas sourire.

20

Les portières des wagons ont été verrouillées juste avant que le train ne pénètre dans les régions plus industrielles d'Allemagne. Peu importe, il en fallait plus pour atteindre le moral des troupes. A-4116 et Kitty étaient entourées de jeunes Praguoises et d'un échantillon de filles de différentes provinces. Elles étaient toutes de la même génération et s'étaient connues plus tôt, bien avant l'accès au pouvoir d'Hitler. Unies par les épreuves qu'elles venaient de vivre, elles s'étaient juré de ne pas se quitter et de se serrer les coudes.

Le lendemain soir, le train ralentit et finit par s'arrêter dans Hambourg, mais jamais les voyageuses n'auraient pu imaginer ce qui les attendait. Elles étaient au pied d'une enfilade de bâtiments sombres de trois étages avec d'immenses portes coulissantes à chaque niveau et des grappes de jeunes hommes accrochés auxdites portes et aux fenêtres[1] ! Des garçons de toutes

1. Il s'agit de l'entrepôt de Dessauer Ufer situé dans la zone franche du port de Hambourg, qui fut intégré au camp de concentration de Neuengamme et fonctionna ainsi de juillet 1944

les tailles et toutes les formes, vêtus d'uniformes qu'elles ne connaissaient pas, sans insignes, qui riaient et hurlaient en chœur, manifestement ravis de voir arriver un train entier de jeunes filles. Intriguées, les voyageuses finirent par agiter la main dans leur direction en souriant.

Les wagons furent déchargés un par un sous la supervision d'un SS *Hauptscharführer* à la mise élégante, tout de suite surnommé Petrovich, d'après le nom d'une vedette de cinéma allemande. Puis les femmes furent réparties en deux groupes et envoyées dans ce qui était un entrepôt de péniches équipé d'appareils de chargement des deux côtés. Le bâtiment avait une façade qui donnait sur les rails, et l'autre qui donnait directement sur l'eau.

À l'intérieur, l'entrepôt avait plusieurs ouvertures qui ressemblaient à des bouches d'égout, des grosses cordes à poulies, et des rangées de couchettes réunies en unités de six. Du côté des rails se trouvait un lavabo assez bas avec plusieurs robinets, et un coin réservé à la kapo. L'ensemble avait quelque chose de sombre et de caverneux, et il faisait un froid glacial alors qu'on était en plein été. Les filles tchèques se sont précipitées vers les fenêtres pour s'attribuer une rangée de couchettes, mais certaines n'ont pas hésité à monter sur un banc pour voir ce qu'il y avait de l'autre côté.

En face, les garçons, qui avaient eu la même idée, étaient plaqués contre les vitres et eurent vite fait de

---

à avril 1945. Dessauer Ufer fut la première annexe du camp de femmes de Neuengamme.

se présenter. Au début, la langue était un problème, car ils étaient italiens – les uns avaient déserté l'armée de Mussolini, les autres étaient des partisans qui s'étaient battus avec Tito contre les fascistes. Mais beaucoup se débrouillaient en français ou baragouinaient l'allemand. Du côté tchèque, l'allemand, le français et de vieux restes de latin étaient mis à contribution.

Pendant ce temps-là, une bande de filles s'était lancée dans les grandes eaux de l'autre côté de l'entrepôt. Elles étaient toutes nues et s'aspergeaient en bloquant la pression des robinets avec les doigts, oubliant que Petrovich les observait depuis dix minutes, debout dans l'encadrement de la porte, avec une escorte de gardiens. Une par une, prenant conscience du regard des hommes, elles ont disparu du côté des couchettes, jusqu'au moment où Sylva s'est retrouvée seule, debout au-dessus du lavabo, telle une nymphe en marbre. Riant sous cape, Petrovich lui a ordonné de descendre et d'aller se présenter au quartier général du kommando deux étages en dessous. On a un peu de mal à imaginer ce qui se passa, sachant que Sylva n'avait pas l'air contrariée et ne donnait pas l'impression d'avoir été maltraitée quand elle remonta.

En face, les garçons avaient abandonné leur position dès qu'ils avaient vu les gardiens, mais la nuit était à peine tombée qu'ils étaient de retour en force. Hélas, seule une fenêtre était assez proche pour avoir une conversation, et avec trois personnes au maximum vu l'espace, si bien qu'il fallut organiser un roulement. Suivit une foire d'empoigne pour savoir à qui était le tour et pour combien de temps. Le groupe le plus proche de la fenêtre imposa un monopole en attribuant des tranches d'espace et de temps, comme si c'étaient des faveurs.

Dès le début, un grand jeune homme blond debout près de la porte de l'entrepôt des Italiens avait jeté son dévolu sur A-4116. Il s'appelait Bruno et était originaire du nord de l'Italie, mais, comme il ne pouvait rester à cause du roulement, il proposa à A-4116 de revenir plus tard en disant qu'il avait une idée, sans rien préciser.

De son côté, Sylva avait décidé de faire durer le plaisir et tomba folle amoureuse d'un Romain nommé Flavio. Les deux tourtereaux arrivaient à peine à communiquer mais se regardaient avec des yeux de merlan frit en soupirant et murmurant *Flavio* et *Sylva* – un duo très ennuyeux pour les voisins, peu concernés, d'autant plus qu'ils étaient à 20 mètres l'un de l'autre et à 5 ou 6 mètres au-dessus du niveau de la mer.

Plus tard, quand A-4116 revint à la fenêtre, Bruno l'attendait avec un petit paquet attaché à une corde à linge qu'il fit osciller devant le mur jusqu'à ce qu'elle l'attrape. La technique fonctionnait à merveille, et ils passèrent au moins une heure à s'amuser avec. En une nuit, une cinquantaine de filles réussirent à avoir chacune « leur » Italien. Quant au paquet d'A-4116, il comprenait un peigne, une brosse à dents, des cigarettes, un crayon, une paire de chaussettes, du chocolat, du papier et une longue lettre qui disait plus ou moins :

« Chère Francesca,

Ce matin, quand le train où vous étiez s'est arrêté en face de la prison, mon cœur a bondi de joie en vous voyant. Vous aviez l'air à la fois si craintive et si perdue, si jeune et si jolie. Il y a longtemps que nous n'avons pas vu de jolies jeunes filles. Je vous ai tout de suite remarquée, avant que le train s'arrête, et je ne pouvais plus me détourner de l'expression de vos yeux. Que vous ont-ils infligé ? D'où venez-vous ? Je m'appelle Bruno, comme vous le savez, et je suis originaire de Trévise, qui n'est pas une très grande ville. J'ai onze frères et sœurs qui me manquent beaucoup. J'ai été appelé sous les drapeaux dès le début de la guerre, mais je n'ai jamais aimé les Chemises noires et j'ai fui en Yougoslavie par la mer avec une bande de copains pour rejoindre les partisans. Un jour nous avons été pris par les Allemands qui nous ont envoyés trimer ici. Le travail est dur, mais nous sommes plutôt bien traités et nous avons le droit d'écrire à nos proches et de recevoir des paquets. Mes compagnons pensent que vous êtes toutes merveilleuses, et nous ferons tout ce que nous pourrons pour vous soutenir. Mais pour moi vous êtes unique. Je crois que je vous aime et je voudrais vous épouser quand la guerre sera finie. Je suis sûr que vous aimerez l'Italie. C'est un si beau pays. Nous aurions plein de petits *bambini* et je vous rendrai heureuse. J'ai une bonne situation chez un fabricant de meubles et, comme je parle un peu français, après la guerre je serai sûrement affecté au service des exportations. Les Americanos viennent de débarquer en France et bientôt nous serons libres et heureux. Je vous enverrai des produits parce que j'ai vu que vous n'aviez rien, surtout du papier pour que vous puissiez m'écrire de longues lettres et tout me dire sur vous. Il faut que j'arrête parce que le temps passe et vous avez du sommeil à rattraper. Je vous attendrai demain soir à la fenêtre, *mia cara piccola bambina*. J'aimerais tant vous embrasser, mais vous êtes trop loin, et pourtant si proche.

Votre Bruno »

Quelle douceur, quelle joie, d'être reconnue en tant que femme, d'autant plus qu'A-4116 ne se sentait pas très jolie ces jours-ci. Évidemment, la brosse à dents et le chocolat furent partagés avec Kitty – ainsi que la lettre.

L'agitation finit par retomber, mais à peine les filles s'étaient-elles endormies qu'une alerte retentit et, dix minutes plus tard, ce fut un tohu-bohu infernal. Le bombardement nocturne de Hambourg venait de commencer. A-4116 était assise en tailleur sur sa couchette, la tête de Kitty enfouie sur ses genoux, dans un étrange état d'exaltation. Chaque éclair déchirant le ciel et chaque déflagration contribuaient à l'exciter. En dessous, Marion, 18 ans, était à genoux et récitait une série d'*Ave Maria*. Certaines avaient la tête cachée sous leur couverture pour se protéger du bruit, mais A-4116 était transportée, grisée, et elle fut désolée d'entendre sonner la fin de l'alerte. Elle qui était terrifiée par le moindre coup de fusil depuis l'enfance, elle ne s'y attendait pas. Au dernier acte de *Tosca*, elle se plaquait les mains sur les oreilles parce qu'elle ne supportait plus d'entendre les tirs. Une fois de plus, elle comprit qu'elle était métamorphosée.

La nuit ne fut de nouveau interrompue qu'une fois, par un rat qui passa sur le visage de Gerti, hystérique.

L'entrepôt étant situé le long des quais, ces rongeurs pullulaient. Ils étaient énormes et affamés, parce que l'espace où étaient stockées les céréales était occupé par des êtres humains.

À 5 heures du matin, le réveil sonna. Après avoir enfilé les vieilles combinaisons sorties la veille et avalé un peu de café noir, les filles se mirent en rang devant le bâtiment. Une fois réparties en groupes de vingt, escortés par deux gardiens chacun, elles marchèrent en chantant une marche de Sousa jusqu'à un canal, où les attendait un vapeur qui devait les déposer dans différents lieux de travail.

Contrairement à ceux d'Auschwitz, les gardiens étaient des membres âgés de la Wehrmacht jugés inaptes à exercer leurs fonctions. Certains étaient évidemment zélés et ambitieux ; ils se prenaient très au sérieux et pouvaient être très déplaisants. Mais, en général, ils étaient moins cruels que les SS, dont les filles avaient appris à se méfier.

Ce matin-là, sur le bateau, il faisait frisquet, et A-4116 se blottit contre la cheminée pour essayer de se réchauffer. Un des hommes qui pilotaient la vieille embarcation s'approcha en riant parce qu'elle essayait d'allumer une cigarette sous le vent.

« Vous n'avez pas le pied marin, je vois », dit-il avant de lui montrer comment bomber la main puis frotter l'allumette et allumer la cigarette d'un seul geste du poignet.

Il lui demanda qui étaient ses compagnes et elle, et d'où elles venaient. À peine apprit-il qu'elles étaient juives et détenues, son amabilité disparut et il tourna les talons.

Vue du large, la ville de Hambourg était un champ de ruines. Des pâtés entiers de maisons n'étaient plus que décombres. Des colonnes de fumée s'élevaient des réservoirs de pétrole en feu à cause des bombardements de la veille. Seul le quartier résidentiel de Blankenese était intact, rayonnant derrière les palissades qui longeaient l'Elbe.

Le bateau arriva au pied d'une raffinerie de pétrole baptisée Erdoel, et le détachement de travailleuses débarqua. On leur distribua des pelles en leur expliquant qu'elles devaient déblayer les gravats provoqués par les attaques aériennes et les réunir en tas. Tout objet suspect devait être signalé au gardien, qui convoquerait un détachement de prisonniers de guerre russes, au cas où ce serait un obus non explosé.

La raffinerie fonctionnait toujours alors que beaucoup de bâtiments et de réservoirs étaient en ruine. Partout s'activaient des travailleurs forcés venus de tous les pays européens occupés. La majorité des prisonniers de guerre étaient français, mais il y avait aussi des Russes qui étaient dans un état affligeant, manifestement affamés et vêtus de guenilles, sans doute d'anciens uniformes. Ils étaient trop abattus pour communiquer avec quiconque, malmenés par leurs gardiens qui les traitaient avec une cruauté inouïe.

Les autres étaient des civils de différentes origines soumis au travail obligatoire. Les Français étaient faciles à aborder dès que les gardiens tournaient le dos, ou aux latrines : il suffisait d'ôter les nœuds dans les planches en bois pour faciliter la conversation. Très vite, la méthode intrigua un gardien bavarois, qui ne comprenait pas pourquoi les filles mettaient si longtemps à faire pipi. « Mais qu'est-ce que vous fichez tout ce temps-là ? Quand j'ai envie de pisser, moi, j'y vais, j'évacue et c'est marre. Enfin, bon, les femmes, faut pas attendre grand-chose d'elles, non ? »

Les prisonniers de guerre français ont tout de suite compris notre situation, parce qu'ils étaient les plus anciens détenus. Ils faisaient ce qu'ils pouvaient pour nous aider. Ils étaient en meilleur état parce qu'ils bénéficiaient de la Convention de Genève, qui permettait de recevoir des paquets et de l'argent. Ils n'hésitaient pas à prendre des risques pour aider les autres, alors que les civils soumis au travail obligatoire tremblaient devant le moindre uniforme germanique. Quant aux travailleurs allemands, ils ignoraient tout le monde et détournaient consciencieusement le regard dès qu'ils se retrouvaient face à des étrangers ou à des prisonniers.

Le travail était rude, surtout pour celles qui n'avaient jamais tenu une pelle. Il fallait plusieurs jours avant de réussir à balancer une pelletée dans un camion, et certaines n'y arrivaient jamais. A-4116 commença à y prendre goût le jour où elle maîtrisa le mouvement ; du reste, ses collègues l'accusaient volontiers d'être trop dure à la tâche. Elle avait un tempérament énergique et préférait s'activer plutôt que d'être appuyée contre sa pelle en réfléchissant au passé ou à un avenir incertain. Par ailleurs, c'était un bon moyen de se réchauffer.

Ramasser et charger les débris de briques était tout aussi pénible. On formait une longue chaîne de la pile de gravats au camion et on se passait les morceaux de briques à la main, mais au bout d'une heure on avait les doigts en sang.

À midi, tout le monde soufflait en voyant un camion estampillé « Direction sanitaire du peuple allemand » qui transportait des tonneaux de soupe : elle était épaisse, mauvaise, faite à base de navets et de pommes de terre, mais elle avait le mérite d'être chaude et nourrissante pour quelques heures au moins. C'était une nette amélioration par rapport à Auschwitz.

Kitty s'est tout de suite acoquinée avec un Français qui lui avait glissé un quignon de pain et un mot dans lequel il lui promettait des petits cadeaux qu'il lui donnerait le lendemain aux latrines. C'était un Parisien qui s'appelait Pierre et souriait en clignant de l'œil chaque fois qu'il passait devant elle.

À 18 heures, le coup de sifflet retentissait. Épuisée, la colonne de filles se traînait jusqu'au bateau pour rentrer. L'enthousiasme du début n'était plus qu'un vague souvenir.

À peine de retour, les filles faisaient la queue pour avoir un bol d'une soupe aqueuse et un morceau de pain, puis la plupart s'écroulaient sur leur grabat en pestant contre leurs pieds meurtris et leurs muscles endoloris. Bruno et ses camarades les attendaient, plaqués contre les vitres, et la scène de leur arrivée se répétait sur un mode un peu moins exubérant. Un soir, Bruno lança un tricot à A-4116 parce qu'il l'avait vue grelotter pendant l'*appell* du matin.

Elle rédigea une lettre pour le remercier de ses cadeaux et de sa demande en mariage adorable, mais c'était un problème, parce que jusqu'ici elle était mariée. Elle avait hésité à lui dire la vérité parce qu'elle avait besoin de son aide, mais la sincérité de cette première lettre ne lui laissait pas le choix. Bruno le prit avec philosophie et lui promit de la traiter comme une sœur. Une profonde amitié naquit alors entre eux.

21

Le bombardement de la première nuit reprit le surlendemain, puis un soir sur deux avec une précision de métronome, mais, chaque fois que la sirène retentissait, les femmes étaient évacuées et envoyées dans la cave qui servait d'abri anti-aérien. Comme le sol penchait vers l'eau et que le niveau du canal montait et descendait suivant les marées, la cave était souvent à moitié immergée. Il faisait froid, et les femmes grelottaient, assises dans le noir au milieu des rats qui sautillaient sur leurs jambes. À chaque explosion, elles paniquaient encore plus que si elles avaient été au-dessus, ne sachant comment elles sortiraient si l'entrepôt était directement visé. Les deux cousines avaient cette cave en horreur et, dès qu'elles le pouvaient, restaient cachées sous leur couchette.

Le seul avantage de la cave, c'est qu'elle était reliée aux bâtiments voisins par des ouvertures arrondies, au-dessous du niveau de l'eau à marée haute. À marée basse, ces ouvertures pouvaient être utiles, même s'il leur fallut plusieurs semaines pour en tirer profit. Pendant ce temps-là, la routine avait repris. Les femmes avaient une sensation permanente de faim, heureusement apaisée par la générosité des Français et des Italiens. Mais le manque de sommeil les rendait grincheuses et effaçait toute trace de courtoisie et de respect d'autrui.

Le désir d'avoir un petit ami chez celles qui n'en avaient pas créait de la tension, et le niveau de langue devenait ordurier. Les femmes s'étaient divisées en cliques de deux à six personnes qu'elles appelaient des communes et cherchaient à recruter des membres. Des altercations violentes entre bandes avaient lieu tous les jours, mais, curieusement, personne ne tombait jamais malade – même les rhumes étaient rares. S'il y avait des problèmes, c'étaient plutôt des accidents du travail mineurs.

Un mois après leur arrivée, Petrovich roulait le long du canal quand il remarqua d'étranges mouvements sur les quais, du côté de SON entrepôt. A-4116 bavardait joyeusement à la fenêtre quand elle sentit une violente claque sur son derrière et interrompit sa conversation avec Bruno. Elle se retourna pour savoir qui était l'intrus et se retrouva nez à nez avec Petrovich, qu'elle fusilla du regard. Le gardien la poussa du tabouret, grimpa, sortit son pistolet et tira frénétiquement en direction des Italiens.

Les garçons eurent vite fait de décamper, et il y eut plus de peur que de mal, mais l'incident mit fin à un service de messagerie formidable. Ce fut la seule conséquence, à part un laïus austère sur le comportement approprié des jeunes femmes, assorti d'un avertissement de ne pas recommencer. Après tout, c'était la preuve que Petrovich n'avait pas complètement perdu son sens de l'humour.

À présent, il fallait trouver une nouvelle façon de communiquer. Il se trouve que Vera, une kapo qui ne travaillait pas à l'extérieur avec la piétaille, avait un petit ami italien responsable de l'entretien des bâtiments. Elle l'avait rencontré un jour où il était venu déboucher des canalisations. L'Italien avait acheté le silence de Kraut, le vieux troupier allemand qui les surveillait pendant la journée, et rendait régulièrement visite à Vera pendant que les filles étaient au turbin. Il proposa à Bruno, Flavio et les autres de leur servir de messager.

Peu après, le vieux Kraut fut envoyé surveiller les lieux la nuit, à marée basse, avant l'alerte habituelle. Profitant des conditions favorables, les garçons organisèrent une rencontre avec leurs bonnes amies dans la cave, en prévoyant très précisément les choses mais en prenant aussi de vrais risques. Seuls trois d'entre eux eurent le courage de se lancer dans l'aventure, et A-4116 s'y rendit avec trois compagnes. Ils avaient choisi une nuit où Petrovich était en ville. Une fois les détenues endormies, l'Allemand escorta discrètement le quatuor jusqu'à la cave. Arrivées sur place, les filles lui promirent qu'elles seraient de retour une heure plus tard, quand la marée remonterait. Munies d'une modeste lampe torche, elles pataugèrent dans l'eau qui leur arrivait aux genoux jusqu'à la cave voisine, où les attendaient les Italiens.

Les garçons s'étaient répartis deux par deux sur le terrain en hauteur, mais Bruno oublia tout sentiment fraternel et fut soudain très passionné. Non pas que sa compagne se fît prier, mais, au moment de se laisser aller, elle se raidit. Elle n'éprouvait plus la moindre émotion, elle ne voyait plus que les rats, l'humidité et l'horreur de la situation.

Avec une tendresse infinie, Bruno la relâcha et la prit dans ses bras en lui disant qu'il comprenait et l'aimait. Peu après, quand il fallut se séparer, il lui baisa les mains et la remercia d'être venue. Ni l'un ni l'autre n'était blessé ni fâché d'avoir raté une occasion. Leur amitié était même plus forte que jamais. Plus tard, A-4116 regretta son manque de générosité. Il aurait pu y avoir de nouveaux rendez-vous, mais ni Bruno ni elle ne fit d'efforts pour se retrouver.

Après avoir découvert qu'il y avait plusieurs ouvertures donnant sur le fleuve, Flavio et lui imaginèrent un plan où A-4116, Sylva et eux nageraient jusqu'à la rive opposée, marcheraient jusqu'au port en traversant Hambourg, et demanderaient à un pêcheur arrivant de Suède, pays neutre, de les embarquer avec lui.

Le plan n'était pas complètement irréaliste, mais il posait plusieurs problèmes. D'abord, ils ne connaissaient aucun Suédois. Il faudrait donc en trouver un sur place, à supposer qu'ils arrivent à traverser Hambourg sans se faire remarquer. Ensuite, il faudrait se séparer de Kitty. Enfin, la guerre approchait de la fin, disait-on, ça ne valait donc pas le coup de risquer de se noyer dans la mer du Nord en cas de tempête ou de mine. Il y eut de nombreux échanges, mais finalement le plan fut rejeté par les quatre intéressés.

Grâce à Pierre, les deux cousines firent la connaissance d'un autre Français, un certain Marcel, qui ne leur proposait jamais de nourriture mais leur transmettait des bulletins d'informations à travers les trous du mur des latrines d'Erdoel. Il devait passer des nuits entières collé au transistor qu'il avait bricolé pour écouter la BBC. C'était un communiste convaincu, qui pensait qu'avec le débarquement des Américains en Normandie et le renversement des forces sur le front russe, la défaite de l'Allemagne n'était plus qu'une question de temps.

Le plus important était de manœuvrer sans se faire choper par les Allemands. Il avait raison, mais ça ne changeait pas grand-chose pour la vie quotidienne. L'hiver commençait à sévir, et les prisonnières étaient transies de froid. Elles étaient vêtues de combinaisons misérables et chaussées de vieux socques qu'elles passaient leur temps à bourrer de chiffons et de papier pour avoir les pieds au sec. Les détenues plus âgées trahissaient des signes évidents de surcharge de travail, de sous-alimentation et de manque de sommeil. Les demandes de dispenses se multipliaient, mais souvent les femmes y renonçaient, de peur d'être envoyées ailleurs.

Elles bénéficiaient rarement de l'aide des prisonniers de guerre, spontanément plus attirés par les femmes jeunes. Désespérées, les plus vieilles se mirent à fouiller dans les piles de déchets et à ramasser des mégots dont elles récupéraient le tabac pour le rouler dans n'importe quel bout de papier avant de les échanger contre un bout de pain, quand elles ne le fumaient pas elles-mêmes. Aucune n'avait plus de 50 ans, mais leur capacité d'endurance était beaucoup plus faible quc celles des plus jeunes, que leur vitalité rendait d'autant plus indifférentes à leurs souffrances, sauf s'il s'agissait de leur mère.

Fin octobre 1944, la rumeur annonça que les femmes seraient logées ailleurs, parce que les entrepôts étaient récupérés pour autre chose. Petrovich était appelé à se présenter au front. Le temps où les SS pouvaient avoir un emploi dans l'hinterland des ports était fini. Les Italiens allaient recouvrer leur statut de civils avant d'être intégrés à la vaste main-d'œuvre étrangère travaillant dans la région.

Les adieux furent douloureux. Les garçons offrirent tout ce qu'ils pouvaient à leurs amoureuses en leur promettant de rester en contact avec elles s'ils savaient où elles allaient. La scène était tragicomique : les femmes étaient alignées pour la dernière inspection de Petrovich et avaient toutes des baluchons, alors que quatre mois plus tôt elles étaient arrivées presque nues.

Pas bête, Petrovich s'arrêta devant A-4116, sortit des cigarettes de sa poche de poitrine et l'interrogea : « Tiens, tiens, j'aimerais bien savoir d'où elles viennent, celles-là ?

— Je les ai trouvées par hasard, Hauptscharführer.

— Vraiment ? Où ?

— Toujours au même endroit, Hauptscharführer. »

Il hocha la tête, remit les cigarettes en place et s'en alla. Les femmes furent embarquées dans des camions et conduites à Neugraben, à une vingtaine de kilomètres de Hambourg. Dix jours plus tard, le vieux Kraut leur annonça que les entrepôts situés le long du canal avaient été démolis. Les Italiens avaient été évacués.

22

Comparé aux centres de détention précédents, Neugraben était un progrès : c'était un petit camp, avec quatre baraquements adossés à une zone boisée. Malheureusement il n'y avait aucun voisin visible, à part le Kommandant et ses aides, installés dans un petit pâté de maisons.

Ledit Kommandant était un vieil homme qui ressemblait au Capitaine Crochet, sauf que c'était juste un chef de gare à la retraite qu'on avait habillé d'un uniforme de SS à la va-vite. Il aboyait plus qu'il ne mordait, et il adorait faire des sermons pendant l'*appell*, surtout quand il pleuvait. La plupart des surveillants, qui étaient des anciens de la Wehrmacht, avaient suivi les filles à Neugraben. Le travail était le même : elles devaient déblayer des gravats, charger et décharger du sable et des briques, mais, comme elles étaient envoyées à différents endroits tous les matins, elles marchaient entre une et deux heures matin et soir pour s'y rendre.

Neugraben était à la périphérie de Hambourg, et il leur arrivait de travailler dans des quartiers résidentiels assez bourgeois, ce qui leur permettait d'« organiser » toutes sortes d'opérations – un euphémisme pour ne pas dire « voler » – dans les maisons en ruine. Des tas d'objets inutiles traînaient, mais très peu de produits à manger. Cela dit, en creusant, on trouvait des pommes de terre ou des navets oubliés dans les champs le long des routes. Usés, les gardiens fermaient les yeux si quelqu'un disparaissait un moment.

Un jour, un détachement passa, en rentrant, devant un verger de pommiers. Voyant qu'il restait des fruits sur les branches, une petite bande de filles se précipita dans les arbres avant de lancer des pommes à leurs compagnes. Le temps qu'elles arrivent au camp, le propriétaire avait appelé le Kommandant pour porter plainte. Outré, le Capitaine Crochet convoqua immédiatement un *appell*. Il allait et venait devant les rangs en écumant de rage, incapable de parler, quand soudain il explosa.

« Je me demande bien QUI a jamais vu ça ? Des GAMINES JUIVES perchées dans des pommiers. Vous avez perdu la tête ? Vous allez voir ce que vous allez voir. VOUS AUSSI, vous allez pendouiller aux branches. C'est moi qui vous tirerai dessus et VOUS serez étonnées, vous n'en reviendrez pas. »

Les rangs du fond étaient pliés en quatre, tandis que, devant, les filles se retenaient et les surveillants ne pouvaient s'empêcher de s'esclaffer.

Du point de vue allemand, la situation était devenue intolérable, jusqu'au jour où un fayot envoya un rapport aux échelons supérieurs. Peu après, le vieux Kraut leur annonça qu'une douzaine de gardiens seraient remplacés par des femmes SS et que le Capitaine Crochet serait échangé contre un nouveau Sturmbannführer SS. La fête était finie.

Le nouveau Kommandant débarqua avec douze viragos SS et déclara aussitôt que le camp était un bazar innommable et que la réorganisation commencerait illico. Il s'appelait Spiess*[1]. C'était un menuisier qui avait une tronche de navet écrasé et toujours à la bouche un mégot puant, et il postillonnait chaque fois qu'il l'ouvrait.

Il tenait absolument à tout faire lui-même, ou plutôt à le faire faire par les détenues. Il était colérique et piquait des crises d'une telle violence qu'il avait de l'écume aux lèvres, pire qu'un chien enragé.

Le camp avait un système de comptabilité compliqué : la direction recevait de l'argent pour le travail effectué par les détenues, mais gérait elle-même la nourriture et le matériel. Décidé à rationaliser ce système un peu bancal, Spiess commença par réduire le nombre de prisonnières qui s'occupaient de l'entretien sur place et par vérifier scrupuleusement les demandes de dispense tous les matins, pour éviter la triche.

Il ne retint finalement que Greta*, la supérieure des kapos, une ancienne danseuse de cabaret de Berlin qui était là parce qu'elle était mariée à un Juif tchèque. Elle s'était attiré les faveurs du Capitaine Crochet grâce à son *Berliner Schnauze* (parler berlinois). Elle avait beau friser la quarantaine, elle était compatible avec les chefs et nommait kapo ou adjointe de kapo la moindre fille pour qui elle avait un peu d'amitié.

1. Les noms ont été changés. Ceux qui sont suivis d'un astérisque ont été identifiés par Helen Epstein (voir p. 260).

Ce qui fut justifié dans un cas très précis : une fille qui s'appelait Mimi et était enceinte de cinq mois, d'un enfant conçu avant de quitter Auschwitz. Mimi venait seulement de s'en rendre compte, parce que la plupart des détenues n'avaient plus leurs règles, dont beaucoup depuis le jour où elles avaient été transférées au Palais de l'Industrie à Prague. En soi, ce n'était pas un drame. Au contraire. Mais ça n'empêchait pas de tomber enceinte, ce qu'elles découvraient souvent trop tard. Greta proposa donc que Mimi devienne assistante de Spiess, pour lui éviter de travailler à l'extérieur pendant les mois d'hiver.

Ignorant les circonstances, l'intéressé accepta et apprécia très vite Mimi. C'était une excellente dactylo, à tel point que, le jour où il apprit qu'elle était enceinte, il l'autorisa à accoucher sur place, à condition qu'elle se sépare tout de suite de l'enfant. Le geste était inattendu de la part d'un homme capable de rosser pour une broutille une détenue jusqu'à ce qu'elle perde conscience. Et encore plus, compte tenu des règles extrêmement strictes imposées aux détenues malades et enceintes : elles devaient être immédiatement envoyées à Bergen-Belsen. Toutes les deux semaines, la visite d'un médecin SS était prévue à cet effet, sous prétexte d'inspecter le matériel de l'infirmerie.

Non seulement Spiess offrait de temps en temps une pomme à Mimi, mais il l'enfermait à double tour dans un placard chaque fois que le médecin passait.

Deux jours après sa prise de fonction, il était plongé dans la paperasse de son bureau quand il découvrit qu'il y avait une électricienne parmi les détenues.

Soudain, un cri retentit et ricocha de block en block : « A-4116, à la Kommandantur ! Dare-dare ! »

Peu après, A-4116 entrait dans son bureau, s'attendant au pire.

« Vous êtes électricienne, dit-il sans lever les yeux.

— Oui, Sturmbannführer.

— J'ai décidé de déplacer ce bureau de l'autre côté du baraquement, là où les fenêtres donnent sur le camp. Je veux que ce téléphone y soit tout de suite transféré. Le fil est là, dans le coin. *Verstanden ?*

— *Jawohl.* »

Là-dessus, il fila sans lui donner la moindre indication. Elle dévissa prudemment le boîtier accroché au mur et fit un diagramme reproduisant les différentes connexions entre les fils avec des crayons de couleur qu'elle emprunta sur le bureau. Elle prit le boîtier, brancha le nouveau câble, l'isola et le déroula dans le couloir. Elle le fixa le long du mur en priant le saint patron des électriciens pour que son maudit dispositif fonctionne. Arrivée de l'autre côté du baraquement, elle remonta le boîtier, brancha le téléphone et souleva l'appareil en tremblant. La sonnerie retentit pile au moment où Spiess rentrait pour voir si elle avait avancé.

L'imbécile se mit en tête l'idée qu'elle avait de l'or dans les doigts. Et, dès le lendemain, il lui attribua le titre de Femme responsable de l'entretien du camp – au grand dam de Greta, qui dut abandonner une de ses protégées.

Soudain, Spiess décréta que la nourriture livrée pour la Komandantur par la cuisine centrale manquait de goût. Comme il était entouré de femmes, il se dit qu'elle pouvait être améliorée. Par ailleurs, il pourrait obtenir plus de produits en rognant sur la quantité allouée au camp. Malheureusement, le baraquement du personnel n'avait pas de cuisine, il fallait donc en créer une. A-4116 et lui-même n'avaient qu'à transformer un garage adjacent en ruine et ça ferait l'affaire !

Le garage n'avait pas d'électricité, donc pas de lumière, pas de four ni de cheminée, mais c'était un détail, il n'allait pas s'enquiquiner avec ça maintenant. La première chose à faire était de se raccorder au poteau de la ligne à haute tension situé entre deux bâtiments pour avoir du courant. Il fit plusieurs schémas compliqués avec des fusibles ici et là et sortit des outils, mais A-4116 ne voulait pas se charger d'une telle entreprise – quel que soit l'avis d'« expert » de Spiess. Et si elle mettait le feu au bâtiment ? Ne sachant comment s'en sortir, elle finit par lui demander s'il n'avait pas une paire de gants en cuir assez épais pour ne pas s'électrocuter.

Un matin, voyant que le temps était sec, il arriva avec une longue échelle, retira ses gants pour les lui donner et l'envoya en haut du poteau. Elle serra les dents et travailla toute la journée pour créer une nouvelle ligne, interrompant deux fois le courant parce que les plombs avaient sauté ; mais, à la fin de la journée, miracle, il y avait de la lumière, même si le câble flottait dangereusement au vent.

Le lendemain, Spiess réquisitionna un four, une batterie de casseroles et de poêles, et ordonna aux cuistots de préparer de vrais plats pour sa petite équipe, sous la supervision d'une grosse dame SS nommée Erika*. De son point de vue, les cuisiniers se tournaient les pouces, puisqu'ils n'avaient qu'à faire de la soupe et du café pour cinq cents personnes.

La prouesse valut à A-4116 une forme de respect forcé de la part de Spiess, à tel point qu'un jour – il était vautré derrière son bureau, les pieds sur la table, alors qu'elle venait prendre les ordres de la journée – il lui demanda :

« Détendez-vous. C'est vrai, que vous êtes juive ?

— Je ne serais pas ici si je ne l'étais pas, non ?

— On m'avait jamais dit qu'il y avait des enfoirés de Juifs doués de leurs dix doigts, mais vous, c'est le cas. Comment ça se fait ? Le croyais que les mecs étaient des parasites qui faisaient bosser les honnêtes gens ou traînaient des heures au café pour préparer une nouvelle révolution bolchevique. Les riches banquiers juifs ont même embrigadé l'Amérique contre nous. Il n'y a qu'à lire le *Stürmer*. Mais vous ne dites rien ? C'est bon, je ne vais pas vous cogner.

— Sturmbannführer, je doute que tout ce que vous lisez dans le journal soit vrai. Vous ne saviez pas qu'il y a des millions de Juifs qui travaillent, dont certains sont très pauvres ? Les tailleurs, les fabricants de chaussures, les postiers, les mécaniciens ? Comment voulez-vous qu'ils complotent une révolution bolchevique alors qu'ils sont capitalistes ? Les choses ne sont peut-être pas aussi tranchées ?

— N'importe quoi. Réparez-moi cette fenêtre et au boulot. Il y a du pain sur la planche. »

Il sortit de la pièce en secouant la tête et déposa une cigarette sur la table au passage. Perplexe, A-4116 haussa les épaules et se concentra sur la fenêtre.

Le travail ne manquait pas, surtout à la Kommandantur. Les circuits étaient constamment en surcharge, à cause de tous les appareils des femmes SS. A-4116 passait des heures dans le grenier de leur baraquement où aboutissaient tous les fils, pendouillant au plafond sans aucune protection. Allongée sur le ventre, elle raccordait des fils sectionnés et remédiait aux courts-circuits. Elle en profitait pour tuer le temps, rêvasser et écouter la radio qui venait d'en dessous, au chaud, à l'abri et plutôt satisfaite de son sort. À en croire les nouvelles allemandes, le Reich reculait triomphalement sur tous les fronts.

Courant novembre 1944, enfin, une cargaison de manteaux arriva de Bergen-Belsen : des vieux paletots avec de grosses croix jaunes peintes dans le dos. Quant aux chaussures, la situation était toujours aussi désastreuse. Les filles allaient travailler avec des haillons fixés par des bouts de ficelle. Même Spiess et son paternalisme un peu tordu n'étaient pas fichus de leur dégotter un lot de sabots de bois.

23

Désormais, le problème était Kitty. Elle avait la peau couverte de boutons à cause des gravats et de la crasse, et n'arrêtait pas de se gratter. Elle finit par avoir de l'impétigo, puis se retrouva avec une vraie furonculose liée au manque de vitamines et à la malnutrition. Elle avait des pustules des pieds à la tête. Certaines étaient tellement grosses que le médecin du camp fut obligé de les percer, mais c'était un jeune pédiatre qui n'avait jamais pratiqué d'opérations, et il manquait de pansements et de désinfectants.

Jusqu'au jour où elle eut des furoncles aux aisselles, avec une fièvre permanente et assez élevée. Le médecin la garda plusieurs jours à l'intérieur, mais il fallait qu'il fasse attention. Spiess se souvenait des visages des malades de l'infirmerie avec une précision inquiétante, et il lui arrivait de les envoyer chez le médecin-inspecteur.

Par ailleurs, Kitty était responsable de dortoir, mais les filles se plaignaient en disant qu'elle coupait et manipulait leur pain. La pauvre, elle avait l'impression d'avoir la gale et sombrait dans la dépression. Il fallait beaucoup d'inventivité pour lui remonter le moral. A-4116 lui proposa de nettoyer et panser ses abcès et, pour lui montrer qu'elle n'était pas dégoûtée, dormit à côté d'elle sous une couverture.

Greta finit par avoir pitié d'elle et parvint à convaincre Spiess de la garder à l'intérieur du camp, où elle pourrait s'occuper des latrines. Désespérée, A-4116 essaya de prévenir le fiancé de Kitty à Prague. Elle était autorisée à parcourir les 300 mètres qui séparaient le camp de la Kommandantur seule, sans gardien, et croisait souvent un Allemand qui lui disait *Guten Tag*. Un jour, elle prit son courage à deux mains et lui demanda d'envoyer une lettre à Prague et de lui rapporter la réponse au cas où. Elle lui donna même dix marks pris sur les deux cents que Bruno lui avait offerts et qu'elle portait discrètement autour du cou. L'Allemand accepta et, trois semaines plus tard, revint avec un paquet qui contenait des pansements, du désinfectant, de la pommade et une lettre.

La lettre en question fut beaucoup plus efficace que les produits (finalement pas très utiles), parce que Kitty comprit qu'on ne l'avait pas oubliée. Elle la portait sur elle en permanence et ne cessait de répéter des passages, donnant effectivement l'impression d'aller beaucoup mieux. Les aveux d'Ivan qui l'aimait et se languissait d'elle, et le fait de savoir que ses parents à lui l'attendaient avec impatience et restauraient une pièce pour son retour, étaient une meilleure thérapie que tout ce que le médecin du camp pouvait lui proposer.

Le soir, une fois l'électricité coupée, en général vers 19-20 heures, l'atmosphère était calme, et les filles du dortoir profitaient de la chaleur et du réconfort de cette déclaration d'amour venue du pays. Les alertes et les bombardements se poursuivaient, mais les bombes explosaient loin, et seule la lueur des incendies était visible. Alors, que faire dans le froid et l'obscurité, sinon s'enrouler dans les couvertures usées et bavarder ? Les filles parlaient de l'avenir qui leur semblait caché sous un épais brouillard et se demandaient combien elles seraient à tenir jusqu'à la fin de la guerre. Certaines doutaient que la situation se normalise automatiquement, une fois les nazis vaincus.

Elles étaient angoissées par le retour à la vraie vie et tout ce que ça signifiait : avoir un travail productif, payer le loyer et les factures, retrouver des hommes qui n'avaient rien à voir avec ceux qu'elles avaient connus. Beaucoup avaient acquis une mentalité servile et se débrouillaient au jour le jour en vivant d'expédients et de ruses. Avoir une vie organisée ou, au contraire, non réglementée leur paraissait utopique.

Les filles s'imaginaient déambuler dans Prague et en faisaient un jeu, attribuant des points à celles qui se souvenaient le plus précisément des noms de rues, des boutiques et d'une foultitude de détails. Leur rêve absolu était de prendre un long bain chaud.

A-4116 pensait très souvent à Mutti, dont la présence lui manquait tellement qu'elle se mit à lui écrire des lettres dans un carnet qu'elle avait trouvé sur le bureau de Spiess. Allongée dans le grenier de la Kommandantur, sous prétexte de travailler, elle notait tout ce qui s'était passé depuis que sa mère avait été emmenée. Elle cachait soigneusement son carnet dans sa paillasse dans l'espoir de… quoi ? Elle n'aurait su le dire.

Les corvées de l'équipe d'intérieur comprenaient le déchargement des vivres ainsi que des déplacements à l'extérieur pour rapporter du pain et d'autres produits. Pour les quatre filles désignées, c'étaient des vacances. Le gardien s'installait au chaud dans la cabine du chauffeur, tandis que la petite bande était derrière, dans le camion ouvert, et se réjouissait des ravages alentour.

À l'arrivée à la boulangerie, le gardien filait dans le bureau pour siroter un café et déguster des pâtisseries, et les filles s'occupaient du chargement sous la supervision de la propriétaire de la boulangerie. Toutes étaient des petites voleuses accomplies qui ne mirent pas longtemps à voir que la femme ne comptait pas le nombre de miches déposées dans le camion – elle ne comptait que les palettes en bois sur lesquelles elles arrivaient. Une fois que les vingt miches de chaque palette avaient été transférées dans le camion, lesdites palettes étaient posées contre le mur.

Il n'y avait rien de plus facile que de transférer non seulement le pain mais la palette dans le camion dès que la femme baissait la garde. Un jour, en traversant la boulangerie, A-4116 découvrit des cubes de levure stockés sur une étagère. Elle pensa aussitôt : « Vitamines B pour Kitty », et hop, un des cubes disparut illico sous son manteau. Une fois, dans le camion qui les ramenait, les filles avaient deux problèmes à résoudre : se débarrasser de la palette alors que la route était très fréquentée, et rapporter chacune cinq miches de pain sans attirer l'attention sur leur gros ventre.

Le premier fut résolu en jetant la planche du haut d'un pont au-dessus d'un canal. Le second en mangeant une miche sur-le-champ. A-4116 avala le pain encore chaud tellement vite qu'un gros morceau se coinça dans son œsophage. Elle était complètement paralysée, rouge comme une pivoine, mais ses camarades se firent un plaisir de la masser jusqu'à ce que le morceau soit délogé. Quelques instants plus tard, le butin fut livré sans problème, même si Eva* prétendit que le gardien près du portail l'avait dévisagée d'un air soupçonneux.

Pendant plusieurs jours, les quatre filles et leur bande se couchèrent sans être tiraillées par la faim. Quant à Kitty, la levure eut un effet merveilleux sur elle. La femme de la boulangerie, elle, mit quatre semaines avant de se rendre compte qu'il manquait du pain le jour où le camp de Neugraben venait s'approvisionner. Elle n'avait aucune preuve, ce qui n'empêche qu'elle annonça à Spiess qu'elle avait un camion pour les livraisons.

C'était dommage, parce que les contacts des filles avec l'extérieur étaient voués au hasard. Il n'y avait pas de prisonniers employés dans la région, et les travailleurs civils étaient pingres et craintifs. La seule solution était de fouiller dans les décombres, un art dont plusieurs devinrent virtuoses. Les filles avaient perdu contact avec les Italiens, mais certaines avaient des Français de la France libre qui venaient les voir le dimanche. Jusqu'au jour où Dita fut prise en flagrant délit main dans la main de son prétendant à travers le barbelé. Elle fut sévèrement tabassée par Spiess avec un tuyau en caoutchouc. L'incident leur servirait d'exemple, expliqua-t-il à l'*appell* : la morale interdisait à une jeune fille d'avoir un rendez-vous secret avec un Français. Visiblement, il confondait camp de concentration et couvent.

24

Peu après, une liaison plus inattendue fut découverte dans le camp. À Auschwitz, dans la section A I, c'était un type de rapport assez courant et visible, mais, chez les Tchèques, c'était une nouveauté. Une jeune SS nommée Bubi*, plutôt inoffensive, voire bienveillante, était devenue proche de Sylva. Si proche qu'elle allait souvent lui rendre visite le soir et repartait à l'aube. Les coturnes de Sylva fermaient les yeux et n'en parlaient pas. Seules les plus vertueuses levaient de temps en temps le sourcil. Le fait est que ni Sylva ni sa mère n'avaient plus jamais faim, et qui étions-nous pour juger ?

Le soir, en bavardant, les filles évoquaient le Théâtre libéré de Prague et les improvisations de ses deux vedettes, Voskovec & Werich, dont les jeunes adoraient les numéros et les chansons satiriques cinglantes. Et si on montait un spectacle pour Noël ? Il y avait parmi elles des chanteuses, des comédiennes, des chroniqueuses, et de nombreuses amatrices enthousiastes, compétentes et prêtes à participer.

Greta fut très vite convaincue et dépêchée auprès de Spiess pour lui demander son autorisation, car les filles voulaient que le spectacle ait lieu dans le réfectoire. Surpris, il donna son accord, à condition que tout soit en allemand et que son équipe et lui aient droit à une première. A-4116 s'occuperait de la partie technique, tandis qu'un comité fut chargé d'écrire, de monter et de mettre en scène les différents sketches. On rassembla des chaises pour créer une scène amovible sur laquelle on installa des lumières. Un lot de cinq cents mouchoirs qui venaient d'être livrés alors qu'on attendait des chaussures servit à fabriquer des costumes, et les femmes SS eurent la gentillesse de mettre à disposition leurs produits de maquillage.

Annie*, une ancienne journaliste du *Prager Tagblatt*, imagina un sketch qui mettait en scène une princesse emprisonnée (Kitty), son infirmière (A-4116) et un preux chevalier (Zdena*) qui volait à sa rescousse et tuait le monstre (qui devait être joué par une marionnette manipulée par des fils).

On ajouta une scène extraite de *La Maison des trois jeunes filles* de Schubert pour satisfaire le goût du kitsch allemand, jouée par les trois beautés du camp – Sylva, Eva et Gerti – vêtues de crinolines faites avec des mouchoirs. Greta proposa un de ses vieux numéros de cabaret, daté de vingt ans, avant qu'elle ne devienne la respectable Madame Kohn, et A-4116 reprit une adaptation très libre de *La Voix humaine* de Jean Cocteau, que Vava avait interprétée à Theresienstadt. Pauvre Cocteau.

Le clou de la soirée était une production de Zdena qui mêlait une série d'airs d'opérettes au goût des Allemands et une série de numéros de V & W et de compositeurs antifascistes d'avant-garde. La mise en scène de l'ensemble demanda beaucoup de travail et de dévouement, car les heures de répétitions étaient comptées et il fallait que le spectacle soit entièrement bilingue. À un détail près : il n'était pas question que la version tchèque soit aussi convenue que la version allemande.

Les répétitions eurent lieu deux dimanches et un jour en fin de soirée, à la lumière d'une lampe à pétrole. Pour une fois, tout le monde collabora sans chercher à tirer la couverture à soi. L'atelier de couture confectionna les costumes sans rien demander, et même Greta et A-4116 avaient des rapports courtois.

Le jour de Noël 1944, tout était au point. Les lumières avaient été testées, le rideau composé de quatre couvertures était en place, et l'orchestre qui se résumait à quatre personnes soufflant dans un peigne recouvert de papier de soie était prêt. Spiess et sa suite entrèrent avant de s'asseoir sur les bancs aux premier et deuxième rangs. La piétaille des détenues était derrière, à une certaine distance, en signe de respect. L'ouverture retentit quand, soudain… plus de lumières. Le courant était coupé.

Dans un élan de bonne humeur inédit, Spiess envoya ses hommes récupérer toutes les lampes à pétrole de la Kommandantur, et le spectacle reprit. Le rideau s'ouvrit sur Zdena, à peine éclairée, debout sur la scène, tel un soldat de garde, avec un long morceau de bois qu'elle portait comme un fusil sur son épaule, chantant un air d'opérette allemand avec sa voix de bronze éraillée :

« M'avez-vous abandonnée,
Moi qui rêvais d'amour ?
Vous qui êtes au paradis entouré d'anges,
Envoyez-m'en un pour me tenir compagnie. »

Les musiciens soufflaient sur leur peigne en surveillant les Allemands du regard. Ce fut alors au tour de Greta d'offrir un long solo de tango langoureux devant Spiess qui se pourléchait les babines et sa garde rapprochée qui n'en croyait pas ses yeux. Entre ce qui se déroulait sur la scène et au pied de la scène, le public ne savait plus où donner de la tête. Quoi qu'il en soit, la soirée eut tellement de succès qu'à la fin, Spiess ordonna à Greta et son équipe de filer à la Kommandantur et de rapporter du salami, du pain et des cornichons pour les artistes.

Les deux représentations suivantes se déroulèrent sans coupure de courant, et le spectacle était encore plus savoureux quand les interprètes s'exprimaient dans leur langue maternelle. L'attitude des Allemands s'en ressentit, jusqu'au jour où Spiess avoua à Mimi que jamais il n'avait compris que les détenues étaient des dames, et aussi jolies. Incroyable, certaines pouvaient même passer pour des femmes allemandes !

Plusieurs jours suivirent où l'on ne parlait que de la soirée, et le moral général était meilleur, alors qu'il faisait un temps affreux et que les tracasseries quotidiennes continuaient. Le jour de la Saint-Sylvestre, Spiess eut même un de ses tête-à-tête avec A-4116, au cours duquel il lui annonça que la guerre touchait à sa fin.

« C'est une question de jours, vous allez bientôt quitter le camp. Les savants allemands ont inventé une nouvelle arme. C'est un secret défense, évidemment, mais on dit que c'est un engin qui isolera complètement l'Angleterre du continent.

— C'est vrai, Sturmbannführer ? Alors qu'est-ce qu'elle va faire, l'Angleterre ? Elle va rejoindre le Canada à la nage ?

— Le Canada ? C'est où ça ? En tout cas, le jour où la guerre sera finie et gagnée, on vous enverra coloniser une île superbe qui s'appelle Madagascar. C'est le Führer qui l'a dit. »

Ravie de cette information hilarante, A-4116 alla retrouver ses compagnes, avec qui elle festoya toute la nuit. Elle se soûla exclusivement à l'eau du robinet, aux informations du représentant des Forces françaises libres, beaucoup plus optimiste, et à un événement inattendu, puisque les gardiens vinrent spontanément leur souhaiter une bonne année.

1945 commença pourtant par une déception. L'hiver était maussade, le nombre de malades ne cessait d'augmenter, et il y eut une première mort de pneumonie. Spiess insista pour que le cercueil soit fabriqué sur place et fournit le modèle d'un coffre de forme conique qu'il donna à A-4116 pour qu'elle s'en inspire. Elle se récria en expliquant que la coutume juive voulait qu'on enterre les morts dans une simple caisse, avec six planches. En vain. Après l'avoir regardée s'escrimer à tailler le bois suivant ses indications, Spiess la renvoya et fabriqua lui-même le cercueil.

Le bois de chauffage était peu abondant et les provisions dépendaient des expéditions qu'on pouvait organiser dans les ruines de la ville. De toute façon, les petits poêles en fonte des baraquements ne produisaient pas assez de chaleur, même avec du bois. Tout le monde grelottait et toussait, jusqu'au jour où les tuyaux d'eau et les canalisations des latrines gelèrent, les déjections remontèrent et débordèrent. Spiess se précipita sur les lieux, sortit une paire de cuissardes en caoutchouc et une tige métallique d'un mètre et il ordonna à A-4116 de descendre dans la bouillasse pour percer le trou de vidange. Elle fit des brèches dans la glace jusqu'à ce que le niveau de la merde retombe, mais le lendemain matin le trou était de nouveau gelé.

Un jour sur deux, elle devait descendre au fond de cette fosse qui dégageait une odeur tellement nauséabonde qu'au bout d'un certain temps, dès que quelqu'un la voyait, même de loin, la personne faisait un détour. Ses camarades de chambre avaient beau pester, il n'y avait pas de place ailleurs. Kitty essayait de le prendre par la dérision, mais les filles n'avaient plus la force d'en rire. Heureusement, il y eut plusieurs jours de redoux et le problème fut résolu.

Un matin à la fin du mois janvier, Mimi traversa le camp pliée en deux de douleur, soutenue par Greta, en direction de l'infirmerie. A-4116 les suivait, mais elle n'entra pas dans la pièce, préférant attendre devant la porte, au cas où. Le silence dura plusieurs heures. Les détenues travaillant à l'intérieur du camp n'avaient rien remarqué. Puis en fin d'après-midi, juste avant que les autres ne rentrent, on entendit le vagissement d'un nouveau-né.

Le vagissement cessa, et dix minutes plus tard Greta et la Dr K. sortirent avec une boîte à chaussures avant de se diriger vers le portail. Suivit un bref échange avec le gardien qui les accompagna dans les bois, à la lisière du camp, puis ils revinrent les mains vides. L'événement fut noyé sous un voile de silence ; trois jours plus tard, Mimi était devant sa machine à écrire dans le bureau de Spiess. Plus tard encore, la Dr K. affirma que c'était un beau petit garçon qui aurait parfaitement pu vivre.

Arriva alors un communiqué demandant qu'on envoie un camion dans un autre camp où attendaient des chaussures pour les prisonnières. Quatre filles allèrent sur place, et pendant que leur surveillant signait les papiers dans les bureaux, elles s'assirent sur un banc dans le couloir du bâtiment de l'administration, surveillées par un soldat. Le type faisait les cent pas en leur jetant des regards concupiscents, jusqu'au moment où il se planta pile en face d'elles, les deux jambes écartées.

« Alors, c'est vous, les nouvelles ?

— Les nouvelles ? Dans quel sens ?

— *Nu ja*, du bordel, évidemment.

— Pas du tout, on est juives et on est venues récupérer des chaussures pour Neugraben, le camp où on est détenues. »

Le planton tourna les talons comme s'il avait été mordu par une vipère, cracha au sol et ne leur accorda plus un regard. Peu après, en chargeant cent paires de sandales en bois pour cinq cents détenues, les filles ont fini par se dire qu'être juive avait quelques avantages.

25

La guerre allait de mal en pis. Même les Allemands les plus patriotes commençaient à douter des informations annonçant que les forces du pays allaient être regroupées suivant un plan réfléchi pour écraser les Alliés. Spiess et ses viragos étaient souvent d'une humeur de dogue, jusqu'au jour où il piqua une colère noire à l'*appell* parce qu'il y avait encore une fille enceinte.

Le fait que Vera, kapo du block 2, était enceinte de Benedetto* se savait depuis un certain temps parmi les détenues. Ses compagnes espéraient qu'elle pourrait aller au bout de sa grossesse, comme Mimi, et que les talents diplomatiques de Greta auraient raison de Spiess, qui la protégerait. Avec un peu de chance, la guerre finirait avant la naissance de l'enfant.

Contre toute attente, Spiess ne voulut rien entendre et s'en tint à la règle, commençant aussitôt à organiser le transfert de Vera à Bergen-Belsen. Ni les interventions personnelles de Greta, ni celles de Mimi, ni celles d'A-4116 n'y firent, il était déterminé. Il pestait, enrageait et les accusait de profiter de ses sentiments paternels vis-à-vis des détenues.

Commença alors une recherche frénétique pour retrouver Benedetto, le prévenir et lui demander d'aider Vera à fuir. Plusieurs gardiens acceptèrent d'intervenir pour localiser les Italiens. Avec succès, puisque le père arriva un samedi soir, à bout de souffle, et se présenta à la clôture, hélas, trop tard. Vera avait été évacuée la veille au matin, escortée par une SS nommée Erika, qui n'était pas le genre à transiger.

Vera était très appréciée dans son block, et les femmes qui travaillaient avec elle avaient veillé à ce qu'elle soit correctement nourrie depuis qu'elle était enceinte, comme si sa grossesse était une responsabilité collective. Quelle que soit sa remplaçante, elle aurait donc la vie dure. L'heureuse élue fut A-4116, que Spiess, toujours aussi pingre, nomma en sachant que de toute façon elle était assignée à l'intérieur du camp. Ça lui permettait d'avoir une nouvelle esclave à envoyer à l'extérieur.

A-4116 eut droit à un accueil glacial, mais pendant quelque temps il n'y eut pas d'histoires. Un beau jour, deux femmes SS, accompagnées par Greta, débarquèrent pour l'inspection habituelle. Arrivée dans la pièce 2, Erika vit tout de suite que le coin d'une des planches du plafond était déboîté par rapport aux autres et ordonna à A-4116 de grimper sur une couchette pour déplacer la planche et voir ce qu'il y avait au-dessus. Tout le monde savait que les greniers avaient des plafonds accessibles et parfaits pour les cachettes. Et ça ne servait à rien de déclarer qu'il n'y avait rien, puisque cette petite garce venait de découvrir un vrai garde-manger.

Erika ordonna qu'on dégage et qu'on dépose tous les produits sur la table avant de les apporter à la Kommandantur dans une brouette. Un sac de patates, une poignée de navets, de la farine et de l'orge, une demi-douzaine de bocaux de verre avec des fruits au sirop, et une série de bricoles que les filles de la pièce avaient dénichées au cours de leurs virées dans les ruines : tout devait être immédiatement livré aux Allemands. A-4116 louchait sur un bocal de cerises au sirop, sa petite faiblesse depuis toujours. La tentation de se les attribuer était de plus en plus forte. Vite, elle attrapa le bocal et alla le fourrer sous sa paillasse.

Le soir, à peine rentrées du travail, les filles virent que leur réserve avait été pillée. Furieuses, elles foncèrent chez leur nouvelle kapo et l'accusèrent d'avoir fait monter les deux SS exprès, pour se faire bien voir. A-4116 se défendait comme elle pouvait, et Greta, qui ne s'était jamais très bien entendue avec elle, n'ouvrait pas le bec. Elle en voulait à Spiess d'avoir nommé A-4116 sans lui demander son avis.

L'incident était presque oublié quand une des détenues de la pièce 2 déboula dans la salle des kapos pour se plaindre et tomba sur A-4116 en train de déguster ses cerises. La totalité du block était en ébullition, parce que c'était une preuve de trahison. Les filles réagirent en lui opposant une politique de résistance passive et de mépris absolu. La vérité, c'est qu'A-4116 n'était pas très fière de son geste, mais personne ne voulait entendre ses explications, encore moins ses excuses, et elle avait beau se sentir coupable, il n'y avait pas mort d'homme.

Les vrais problèmes commencèrent le dimanche, le jour où les détenues devaient faire le ménage et évacuer les poubelles en brouette sous la supervision des kapos. Pas question, elles refusaient. Il avait plu toute la journée la veille, et elles étaient assises à moitié nues sur leurs paillasses, essayant de sécher leurs vêtements à la chaleur d'un feu misérable. A-4116 entra pour leur demander de bouger, mais elles l'envoyèrent paître illico. En soi, ce n'était pas très grave, évacuer les poubelles six ou sept fois par semaine ne changeait pas grand-chose, mais Spiess, sur qui elle eut le malheur de tomber en allant à la décharge, en fut très contrarié.

« Qu'est-ce que vous fichez avec ces poubelles ? C'est pas votre boulot. Vous avez cent soixante détenues pour s'en occuper.

— Elles sont rentrées trempées jusqu'aux os hier soir, leurs vêtements n'ont pas eu le temps de sécher. Ça m'est égal, je peux le faire.

— Je ne veux pas entendre parler de vos combines de merde. À quoi ça sert d'être kapo si vous n'êtes pas foutue de faire travailler vos filles ? Rétrogradée. Retournez dans votre ancien block et demain au boulot ! »

Soulagée d'échapper à une position intenable, elle retourna dans son ancien dortoir, mais à peine les filles la virent-elles entrer qu'elles se turent. Même Kitty refusa de lui adresser la parole, à part un « Comment tu as osé ? ». Blessée de voir que personne ne voulait entendre sa version des faits, elle se blottit dans sa coquille avec son carnet de lettres à Mutti pour unique compagnon.

Peu après, Erika tomba sur le carnet au cours d'une inspection. Interceptée au portail alors qu'elle rentrait du travail, A-4116 fut envoyée sur-le-champ dans le bureau de Spiess pour être interrogée. Les lettres étant écrites en tchèque, Mimi fut convoquée pour les traduire au débotté, ce qu'elle fit sans conviction, sautant consciencieusement les passages les plus injurieux.

« Vous savez que ce que j'ai entre les mains est un document illégal et que je suis tenu de faire un rapport pour que vous en subissiez les conséquences ? » déclara Spiess.

Elle hocha la tête.

« Allez, dit-il, brûlez-moi tout ça dans le poêle et ouste. »

Elle ouvrit la petite porte du poêle et vit les flammes dévorer ses pensées les plus intimes en songeant : « Après tout, peut-être qu'elles l'atteindront. »

L'incident était clos. Mimi se fit l'écho de ce qu'elle avait lu dans les lettres et l'attitude des camarades de chambre d'A-4116 changea. Celle-ci était rassurée de voir que Kitty était de nouveau l'amie qu'elle connaissait depuis toujours.

Fin février 1945, le camp de Neugraben fut chargé d'accueillir des civils obligés de fuir leurs foyers à cause des bombardements. Du jour au lendemain, les détenues furent transférées dans des camions ouverts près de Hambourg, dans une zone industrielle appelée Tiefstack. Jamais elles n'avaient autant pris la mesure des destructions de la ville. Des rangées de rues entières avaient été rasées, et les gens vivaient dans les caves des ruines, comme des rats, dans des conditions à peine meilleures que les leurs.

Arrivées dans le nouveau camp, elles comprirent que c'était une cible idéale pour les bombardements. Il comprenait quatre baraques en bois entourées de clôtures et un écheveau de voies de chemin de fer, avec deux immenses réservoirs de gaz et une centrale électrique pas loin. Les raids aériens étaient désormais quotidiens ; jour et nuit, on entendait des bombes exploser dans tous les sens. Par miracle, le camp n'avait pas encore été visé. C'était à se demander si les pilotes britanniques et américains n'avaient pas des cartes indiquant les camps de prisonniers les plus petits. Tous les soirs en rentrant du travail, les filles étaient étonnées que le lieu soit intact, alors qu'elles vivaient au milieu d'un incendie permanent. Elles en conçurent une admiration sans borne pour la perspicacité des Alliés et la précision de leurs tirs.

26

Le 20 mars 1945, l'infirmerie, qui occupait désormais les deux tiers d'une des baraques, était pleine – elle abritait presque un quart des détenues. A-4116 était allongée sur une couchette en hauteur parce qu'elle s'était cassé un orteil la veille : les mains gelées, elle avait lâché une grosse pierre plate qui avait atterri sur son pied. Kitty, victime d'une de ses inflammations des ganglions, se reposait à côté d'elle. Soudain, l'alerte retentit.

Debout à la fenêtre, elles virent les gardiens se précipiter dans leur bunker et, deux minutes plus tard, les escadrilles de bombardiers américains suivies de longues traînées blanches. Le ciel était entièrement dégagé et le spectacle était magnifique, mais il devait y avoir un vent très fort, parce que les sillons blancs disparaissaient très vite. Elles se demandaient si cela affecterait la précision avec laquelle les cibles étaient visées, quand un sifflement familier résonna et tout explosa.

Les filles furent projetées en l'air avant d'atterrir à plat ventre sur un tas de débris de couchettes, le dos écrasé par le toit. Comprenant qu'elles avaient failli y passer, elles s'appelèrent alors que l'attaque continuait et qu'on entendait des pleurs et des gémissements. Certaines répondaient, d'autres geignaient, beaucoup étaient silencieuses.

La fin de l'alerte sonna. Plusieurs équipes de secours débarquèrent des sites de travail environnants. Le toit fut très vite relevé et, miracle, A-4116 réussit à s'extraire en rampant. La première chose qu'elle vit était Kitty, soulevée par les épaules hors des décombres, comme une poupée de chiffon noyée de poussière. Une par une, les victimes étaient dégagées et allongées au sol. Vingt filles étaient mortes, les autres étaient plus ou moins gravement blessées. Zdena, la fille à la voix de bronze, et Annie, l'auteur du sketch magique et facétieux, étaient sans vie. La Dr K. avait le dos brisé et cumulait tellement de blessures qu'elle ne pourrait plus marcher. Heureusement qu'elle était en tournée, parce que ça lui avait sauvé la vie.

La bombe avait atteint la salle de soins, à l'extrémité du baraquement, en plein dans le mille. Seules les filles des couchettes en hauteur n'étaient pas trop gravement blessées. Le bâtiment n'était plus qu'un tas d'éclats de bois et de bris de verre. Les maisons autour n'avaient plus une vitre intacte ni une porte qui fermait. Un chaos indescriptible régnait quand les autres détenues sont rentrées du travail et ont découvert les victimes.

Très vite, Spiess forma un cordon d'hommes autour du camp pour que personne ne s'échappe en profitant des clôtures abattues. Cinq ou six filles arrivèrent à décamper pendant la nuit et se cachèrent dans les ruines de la ville. Une fois de plus, A-4116 et Kitty hésitèrent un certain temps, mais décidèrent de rester, parce que la première boitait et la seconde avait de la fièvre. Les manteaux marqués d'une croix jaune étaient aussi un problème, or sans manteau elles gèleraient. En outre, elles étaient au fin fond de l'Allemagne et n'avaient aucune idée de la direction des lignes de front. Finalement, les risques pesaient donc plus que les bénéfices.

Ce soir-là, Spiess supervisa personnellement la distribution de soupe. Il pleuvait, et le vent soufflait et n'arrêtait pas d'ouvrir les portes. A-4116 était au bout de la queue quand il lui demanda de fermer la porte en hurlant. Elle y alla en boitant, mais deux minutes plus tard le vent l'avait rouverte.

« *Verflucht nochmal* (« Sacré nom d'un chien »), je t'ai demandé de fermer la lourde ! brailla-t-il.

— Je l'ai fermée, merde ! »

Il prit un bol en terre et le jeta dans sa direction. Elle esquiva le coup, le bol s'écrasa contre le mur, mais elle était déjà de l'autre côté de la porte et les coups de revolver s'évanouirent dans la nuit. Désormais, elle faisait tout pour éviter Spiess et se plaçait systématiquement au fond pendant l'*appell*, en se faisant aussi discrète que possible.

Plusieurs jours de cauchemar suivirent. Dès qu'une alerte retentissait, les filles étaient expédiées dans une des rares granges qui tenaient debout hors du camp, et les gardiens couraient se carapater dans leur bunker. A-4116 n'avait plus aucun recul et n'éprouvait plus aucun plaisir aux raids aériens. Dès que les bombes pleuvaient, elle était transie, en proie à une terreur abyssale. Serrées comme des sardines dans la grange, les filles tremblaient, sanglotaient, priaient ou étaient en état de choc, incapables de contrôler ni leur vessie ni leurs intestins.

Le camp n'était plus la cible de tirs, mais, chaque fois qu'elles sortaient, elles découvraient la ville en feu, tel un immense océan de flammes. Peu importe, tous les matins, on les envoyait travailler.

Le 5 avril au matin, les détenues furent alignées et embarquées dans des wagons de marchandises. Le train roula une heure, s'arrêta au milieu de nulle part pendant deux heures, reprit, de nouveau s'arrêta, recula, s'ébranla. Le manège dura vingt-quatre heures. De temps en temps, elles avaient le droit de sortir pour faire pipi le long de la voie, surveillées par des soldats armés de fusils. Le train fut visé trois fois par des avions volant à basse altitude. Les gardiens plongeaient aussitôt sous les wagons, et les détenues étaient verrouillées à l'intérieur.

À un moment, alors que le train était à l'arrêt, les filles arrivèrent à persuader – ou plutôt à forcer – Erna, originaire de Hambourg, de se faire la belle. Elle hésitait, parce qu'elle ne connaissait pas la région et ne voulait pas abandonner sa bande. Finalement, pendant que ses copines multipliaient les bêtises pour distraire les soldats, elle se glissa sous les wagons et disparut dans la nuit.

Le lendemain, le train arriva à Bergen-Belsen. Il y eut une longue prise de bec entre Spiess et le *Lagerkommandant*, qui n'acceptait pas de nouveaux détenus, quel que soit l'ordre auquel ils ou elles appartenaient, mais le chef du train refusait de les reprendre. Finalement, on fit débarquer les filles avant de les escorter à l'intérieur.

L'horreur du spectacle qui les accueillit dépassait tout ce qu'elles avaient vu.

Le camp était un quadrilatère de 1,5 km de longueur sur 400 mètres de largeur, dans lequel étaient enfermées quarante mille créatures qui ressemblaient à des cadavres et treize mille vrais cadavres, qui n'avaient pas été enterrés. Partout étaient amoncelés des tas de cinquante à cent dépouilles. On aurait dit une danse macabre au cours de laquelle les vivants tiraient les morts un par un par les pieds vers les charniers – au ralenti, malgré les cris et les coups des SS qui les harcelaient. À l'intérieur des baraquements et autour, le sol grouillait de poux qui formaient des colonnes – comme des colonnes de fourmis – s'éloignant des morts pour rejoindre les vivants.

Il n'y avait rien à manger. Très peu d'eau. Quelques-uns mâchaient de l'herbe sale ; la plupart étaient assis ou allongés et attendaient de mourir. Certains des corps entassés avaient une dernière étincelle de vie en eux. Une des dernières arrivées reconnut une cousine dont les paupières vibraient encore. Elle la retira du tas avec des amies et – c'était inespéré – la ramena à la vie. Lcs filles interrogèrent les détenus plus âgés pour avoir des nouvelles de Vera : elle était morte du typhus exanthématique avant la naissance du bébé.

Les rares amis que les filles retrouvaient les suppliaient de les sauver, même s'il était difficile de les reconnaître. Les prisonniers n'étaient plus que des squelettes couverts d'une peau de parchemin grise et avaient les yeux enfoncés dans les orbites. À part errer à la recherche de connaissances, de parents ou de quelque chose à manger, il n'y avait rien à faire, si ce n'est s'épouiller.

L'*appell* était obligatoire et avait lieu deux fois par jour à l'allemande, sans exception, mais en vain, puisqu'il était impossible d'avoir un compte précis. Des prisonniers en vie le matin étaient morts à midi. Les dortoirs, dont les châlits servaient de bois de chauffage, étaient à moitié vides. Ils n'avaient pas de couvertures ni de paillasses, et ils étaient tellement bondés que les prisonniers dormaient à même le sol, la tête coincée contre les fesses d'un autre.

L'épidémie de typhus avait commencé deux mois plus tôt, à cause de deux cas venus de Hongrie. Les gens mouraient au rythme de 250 à 300 par jour, si bien qu'on n'avait plus besoin de chambres à gaz. Des rumeurs de cannibalisme circulaient du côté des hommes. Beaucoup de cadavres ayant un morceau de cuisse arraché, elles étaient sans doute fondées.

Un jour eut lieu une distribution de pain inattendue, alors que l'alimentation était à l'arrêt depuis plusieurs jours. Affamés, les détenus plantèrent les dents dans le pain et entendirent un drôle de crissement en mâchant : c'était du verre pilé qui avait cuit avec la pâte. Personne n'a jamais su combien de prisonniers étaient morts d'hémorragie interne, parce que beaucoup ont continué à manger malgré le danger. Il était difficile d'être rationnel, vous aviez tellement faim que les objets et les personnes se dédoublaient sous vos yeux.

Les SS imposaient une discipline de fer, trônant dans leurs grandes bottes cirées et brandissant leur fouet de droite et de gauche, jusqu'au jour où, quand le camp se réveilla, ils s'étaient volatilisés. Disparus sans la moindre trace et remplacés par des SS hongrois envoyés par Himmler.

Naïfs, certains détenus pensaient que ces Chemises brunes seraient plus charitables que leurs prédécesseurs, sauf qu'ils étaient fous à lier et pointaient leur fusil sur quiconque s'approchait à plus de 10 mètres des fils barbelés. Pendant ce temps-là, le front se rapprochait de jour en jour. Des tirs d'artillerie résonnaient partout, et les SS semblaient pris en tenaille.

Du jour au lendemain apparut une prisonnière inattendue parmi les Tchèques : la bonne amie de Sylva, Bubi, la SS de Neugraben qui débarqua en un uniforme rayé flambant neuf et resta sans que personne n'y fasse attention. Les 13 et 14 avril, plus personne ne pouvait sortir des baraquements, les Hongrois tiraient dès que quelqu'un pointait le nez à la porte – comme des exercices de tirs à la cible.

Le 15 au matin, la porte était entrouverte quand une des filles annonça qu'un tank était en train de descendre la route centrale.

« Je parie qu'on va se faire mitrailler, répondit une autre.

— Non, non, il a une étoile blanche sur le côté. La trappe est ouverte, et les soldats ont des bérets noirs, insista la fille.

— Va te faire foutre, on n'est pas dans un conte de fées », grommela une troisième.

Piquées par la curiosité, plusieurs détenues rampèrent jusqu'à la porte. La fille avait raison. Le char n'était pas un mirage. Ni l'étoile sur le côté, ni le long convoi de véhicules qui le suivait.

Les Britanniques étaient enfin arrivés, et l'Union Jack flottait au vent, mais les prisonnières étaient trop abattues pour comprendre et se réjouir. Puis une par une, hésitant, craignant de se faire tirer dessus, elles se risquèrent à sortir. Découvrant la vérité, elles se mirent à marcher, ramper, puis courir jusqu'aux clôtures pour voir les libérateurs de plus près. Une longue file de véhicules armés descendaient le long de la route, et les soldats retournaient leurs poches avant de jeter tout ce qu'elles contenaient – barres de chocolat, rations K, cigarettes et toutes sortes de petites choses – au-dessus des barrières en faisant le V de la victoire. Beaucoup étaient en larmes. Les produits qu'ils lançaient provoquaient des batailles sanglantes entre les prisonniers affamés.

Peu après, le général de brigade Glyn Hughes fit le tour du camp avec ses aides en conseillant à tout le monde de rester calme. Les prisonniers qui parlaient un peu l'anglais pouvaient se présenter pour participer à la distribution de nourriture et de secours d'urgence. Bouleversé par la misère qu'il découvrait, le général était en larmes et ne cherchait même pas à le cacher. Les détenus essayaient de les toucher et de les embrasser, lui et ses hommes, mais les soldats avaient ordre de ne pas s'approcher à plus de 3 mètres à cause du typhus.

L'après-midi, de gros camions débarquèrent pour distribuer les produits que les Britanniques avaient trouvés dans les premiers entrepôts allemands réquisitionnés : deux livres de viande tchèque en conserve et une petite boîte de lait concentré par personne. Kitty plongea directement les doigts dans la boîte et engouffra le porc – dont 40 % était du lard – en une seule fois avant de le faire passer avec du lait concentré. A-4116 avait peur qu'elle meure de dysenterie au cours des heures suivantes, parce qu'elle ne pouvait plus rien avaler.

Le lendemain, les Britanniques libérèrent le no man's land qui séparait les deux clôtures de barbelés, pour que la totalité du camp soit accessible aux hommes et aux femmes, et ouvrirent les portes des entrepôts allemands. Plusieurs bâtiments dont le toit était marqué d'une grande croix rouge contenaient de quoi nourrir et habiller une armée entière, autrement dit les quarante mille détenus de Bergen-Belsen. Tenaillés par une avidité suicidaire, avançant comme des somnambules, les détenus se jetèrent à l'intérieur en passant par les portes et les fenêtres. Hystériques, les gens se noyaient littéralement, plongeant la tête dans les tonneaux de cornichons, de moutarde, de confiture de pruneaux et de différents produits, tandis que d'autres leur grimpaient dessus.

A-4116 et Kitty observaient la scène de loin, trop faibles pour se lancer dans la mêlée. Plus tard, voyant leurs camarades squelettiques sortir avec des uniformes et des bottes allemands, elles s'aventurèrent à l'intérieur, et chacune s'offrit un long pardessus militaire doublé de fourrure et une tente.

Parfaitement équipées, elles s'installèrent dans un des miradors abandonnés du no man's land pour échapper aux poux. À leur pied gisait un monceau de cadavres dont les expressions faciales semblaient changer suivant la lumière du jour et de la nuit, mais ça ne les dérangeait pas. Pas plus que le fait que la tour fût comme un balcon perché à 2 ou 3 mètres du sol, glacial et balayé par les vents. Elles montèrent la tente pour se protéger, s'enroulèrent dans leur long manteau de fourrure et s'endormirent, telles deux princesses au fond de leur château.

27

Plusieurs jours étranges ont suivi. Il n'était pas question de permettre à la population du camp de partir, à cause de l'épidémie. Du jour au lendemain, la situation s'était inversée : les anciens détenus déambulaient dans le camp alors qu'affluaient des hommes et des femmes SS obligés d'inhumer les morts et d'accomplir les basses besognes.

Trois jours plus tard, plus rien ne les distinguait des prisonniers. Surveillés par des *Tommies* britanniques et des escouades de détenus moqueurs, c'était à eux de se faire tancer et bousculer à coup de *Schneller, plus vite, salope, pauvre con.* Les militaires avaient beau interdire les châtiments corporels, les prisonniers se réjouissaient de voir cet échange de rôles entre détenus et bourreaux.

La présence de Bubi avait été signalée dès le premier jour de la libération. Elle avait été arrêtée et travaillait avec les femmes SS. Une des plus jeunes survivantes tchèques, une sale gosse qui avait grandi dans le camp, prenait un malin plaisir à les regarder, jusqu'au jour où elle fit un numéro inouï devant le gardien britannique pour récupérer les bottes d'une des SS. Le surveillant mit du temps à comprendre ce qu'elle voulait, puis il fit un grand sourire et avança jusqu'à la SS en ordonnant : *Du Frau. Boots off. Stiefel !*, hurla quelqu'un. *Shtee-fell, off*, répéta le gardien en pointant sa baïonnette. La femme obtempéra, et la gamine s'en alla sous les applaudissements des curieux.

Des voix discrètes s'élevaient pour que Sylva intervienne en faveur de Bubi, puisque c'est elle qui avait permis à la mère de Sylva de survivre. Qu'importe, celle-ci était trop occupée à séduire les Tommies pour y prêter attention.

Les opérations de secours britanniques étaient d'une telle efficacité que, quelques jours plus tard, non seulement les gens étaient régulièrement nourris, mais l'évacuation vers les centres de quarantaine de Celle commença. C'était un casse-tête logistique, car chaque personne devait être épouillée et ses vêtements devaient être brûlés avant d'être remplacés par des habits propres. Grâce au DDT, personne ne fut rasé. Les malades étaient les premiers à quitter le camp.

Une semaine après la libération, A-4116 et Kitty se retrouvèrent dans le premier groupe de bénévoles choisis pour participer à l'enregistrement et au rapatriement des prisonniers. Elles quittèrent Belsen dans un petit camion avec un lieutenant britannique et son chauffeur, et cinq détenus anglophones. À peine arrivée sur la place d'armes de la garnison de Celle, A-4116 s'écroula dans les bras d'un officier.

« Cette jeune fille est gravement malade » : c'est la dernière chose qu'elle entendit avant de se réveiller allongée dans un lit d'hôpital tandis qu'on lui demandait son nom et son pays d'origine. Elle était incapable de répondre. Une jeune doctoresse, qui était une ancienne détenue à peine remise du typhus, l'examina et lui avoua : « Désolée, jeune fille, mais vous l'avez. »

Elle somnolait entre conscience et inconscience. Elle arrivait à aller jusqu'au seau posé dans un coin pour se soulager, mais chaque fois qu'elle ouvrait les yeux, une de ses compagnes était évacuée les deux pieds devant, recouverte d'un drap. C'étaient toujours celles qui, la veille, n'avaient pas pu empêcher leur vessie ni leurs intestins de déborder.

La plupart des patientes déliraient, jusqu'au jour où une fille se leva, avança en chancelant vers A-4116 et essaya de l'étrangler parce qu'elle l'avait prise pour une SS. Le temps passait ; elle avait des instants de lucidité quand sa fièvre retombait. Elle tâchait de se rappeler qui et où elle était, mais l'effort l'épuisait et elle recommençait à dériver dans un autre monde.

Après deux semaines de pénombre, elle se réveilla soudain, paniquée. Elle se redressa dans son lit et hurla pour qu'on ouvre la fenêtre, parce qu'elle étouffait. Elle haletait et entendait des tirs partout, terrifiée à l'idée que les Allemands reviennent, criant parce qu'elle voulait se lever et fuir. Il fallut deux infirmières et une piqûre pour la calmer, et elle sombra dans un profond sommeil.

28

Plus tard, ce jour-là, quand je me suis réveillée, le soleil brillait derrière les fenêtres et la pièce avait changé. La fille qui avait essayé de m'étrangler me souriait de ses yeux clairs et me rassurait dans un allemand avec accent. Je n'avais rien à craindre, disait-elle, la crise était passée. Ma température était retombée, et les coups de feu que j'avais entendus étaient les coups tirés pour fêter l'armistice. C'était le 8 mai 1945.

J'étais très affaiblie, mais j'avais toute ma tête et j'étais émerveillée par la propreté des draps et de la pièce. J'étais la seule Tchèque. Autour de moi, toutes les patientes étaient hongroises. La médecin et les infirmières étaient en majorité polonaises. C'étaient d'anciennes prisonnières de Belsen immunisées contre le typhus. Paradoxalement, la seule langue commune que nous avions était l'allemand.

Les Britanniques avaient beau administrer et gérer l'hôpital, ils n'étaient pas en contact direct avec les malades. Mais tous les jours un Tommy débarquait en poussant un chariot avec une nouvelle surprise : des cigarettes Player's, que je ne fumais pas mais que je gardais sous mon oreiller parce que j'adorais l'image sur les paquets ; un pain de savon Ivory ; et ce qui fut l'un de mes plus grands plaisirs, un pyjama à fleurs fabriqué au Canada. À côté de ça, ils avaient aussi toutes sortes de friandises, bonbons, chocolat et petits biscuits – que malheureusement je ne pouvais pas encore digérer. Entre deux siestes, je réfléchissais parce que je ne comprenais pas pourquoi Kitty ne venait pas me voir. J'avais peur qu'elle ait le typhus ou qu'elle soit morte. Plongée dans une profonde léthargie, j'évitais de penser à Joe et à mes parents, préférant y réfléchir plus tard.

Chaque jour, quelqu'un entrait en notant les noms et les coordonnées des parents des patientes, sauf les miens. Toutes les nationalités étaient représentées, mais pas les Tchèques. Je commençais à perdre patience et m'en plaignais avec amertume à la médecin, jusqu'au jour où une greffière est entrée ; je lui ai avoué mon indignation. À peine lui avais-je donné mon nom qu'elle a lâché un cri de surprise, avant de me dire que la pauvre Kitty avait passé plusieurs semaines à consulter les listes des personnes hospitalisées pour me retrouver. Elle était en train de ratisser les pavillons de l'hôpital un par un pour tâcher d'avoir de mes nouvelles.

L'explication était très simple. On m'avait transportée sans m'identifier avant de m'allonger dans le premier lit disponible. Il se trouve que c'était dans une salle remplie de Hongroises, du coup, tout le monde pensait que je l'étais. J'avais été enregistrée sous le numéro A-4116 sur les listes hongroises, que Kitty avait évidemment négligées.

Soudain, elle entra, et ce fut comme une apparition : ses cheveux blond doré étaient coupés à la Jeanne d'Arc, elle avait du mascara et du rouge à lèvres, et portait une jolie robe à fleurs avec des sandales. Ses abcès avaient disparu, elle avait un immense sourire et s'adressa à moi en tchèque.

« Francinko, ma pauvre, je croyais t'avoir perdue ! Je n'allais quand même pas rentrer sans toi. Je vais me débrouiller pour que tu sortes, tu vas mourir si tu restes dans ce trou. J'ai commencé à négocier avec le médecin. J'ai une voiture avec un intendant britannique, mais cette fois-ci je ne te quitterai pas des yeux une minute. »

La doctoresse qui venait de nous rejoindre était beaucoup moins optimiste que Kitty, parce que j'étais beaucoup trop faible pour être transportée. Il fallait surveiller ce que je mangeais, et la moindre rechute serait fatale.

Kitty ne voulait pas en entendre parler. Elle insista pour dire qu'elle pouvait parfaitement s'occuper de moi, et, après avoir signé une attestation engageant toute sa responsabilité, elle fut autorisée à revenir me chercher. Le lendemain, elle arriva avec une pile de vêtements et me demanda de retirer mon pyjama pour m'habiller. Mais je refusais de me séparer du seul bien auquel je tenais, qui, en plus, venait du Canada. Je me disputai avec elle, et une fois de plus c'est elle qui l'emporta.

La doctoresse lui conseilla d'être très prudente et de me nourrir par petites quantités, et nous sommes parties dans une jeep conduite par un sergent qui se présenta sous le nom de Sunshine. Après un bref trajet cahoteux où il était obligé de me retenir à chaque tournant, nous sommes arrivés au pied d'un bâtiment militaire en briques dans lequel Kitty avait une chambre, avec deux grands lits confortables, qui donnait sur la place de la garnison.

Ils m'ont mise au lit avec une chemise de nuit à pois, et Kitty a laissé la radio allumée en me demandant d'être sage parce qu'elle devait sortir. Deux heures plus tard, elle est rentrée et m'a retrouvée gisant sur le sol de la salle de bains, à moitié inconsciente. Obéissant aux instructions de la doctoresse, elle avait mis tout ce qui était comestible hors de ma portée, mais j'avais exploré les lieux et découvert deux récipients au-dessus de l'armoire. J'avais réussi à grimper sur une chaise et dévoré le goulash et la choucroute en deux temps et trois mouvements. Le résultat n'était pas très surprenant.

L'incident servit d'alerte, et Kitty s'organisa afin que quelqu'un – n'importe qui, une ancienne détenue ou un capitaine de l'armée britannique – me surveille quand elle allait travailler. Elle était agent de liaison pour la division du rapatriement et avait un cercle d'amis très large. À l'heure du thé, elle montait avec deux ou trois officiers, et, grâce à leur bienveillance et à leur affection, je commençais à me rétablir.

L'un d'eux, médecin, proposa qu'on organise des virées thérapeutiques à la campagne, « loin de l'atmosphère de camp », une fois la quarantaine levée. En réalité, l'atmosphère était peu oppressante par rapport à ce que nous avions connu, mais c'était adorable de sa part. Nos sauveurs déployaient une gentillesse, une sollicitude et un tact incroyables – sans aucune pitié malvenue. Même si je n'entendais plus grand-chose et que je perdais d'énormes touffes de cheveux à cause de la maladie, grâce à eux, je me sentais de nouveau jeune, féminine et attirante.

Kitty et moi n'en n'avions pas beaucoup parlé, mais ni elle ni moi n'avait envie de rentrer ni de faire le bilan des dernières années. Au début, la quarantaine était un bon prétexte pour rester. J'étais trop fatiguée pour voyager. Puis le mois de juin a succédé à celui de mai, et des cars entiers de survivants ont été renvoyés chez eux ; mais nous ne faisions toujours pas la moindre démarche pour notre rapatriement. Notre amie Eva était rentrée à Prague en prenant le premier car, mais elle était revenue avec des nouvelles épouvantables et pas totalement surprenantes. Tous nos parents étaient morts. Joe avait disparu. Le mari d'Eva était décédé, et Ivan, le fiancé de Kitty, s'était marié en février. Eva, qui n'avait pas le courage d'affronter la situation, préférait travailler à côté de nous au rapatriement.

Nous avions encore moins de raisons de vouloir rentrer. Kitty avait 23 ans, j'en avais 25, et nous étions ravies de travailler, de sortir, d'aller aux bals des officiers de la Croix-Rouge et d'être le centre de l'attention. Plus je pensais à Joe et moins j'avais envie de le retrouver. Je passais beaucoup de temps avec un certain Jason, un capitaine britannique qui était un de mes chauffeurs bénévoles et m'apprenait à conduire.

Il était grand, il avait les cheveux noirs et un teint rosé typiquement anglais, il n'aimait pas les bavardages et c'était le roi de la litote. J'ai mis un certain temps à comprendre que ce que je prenais pour de la mollesse était une extrême réserve. C'était en fait un homme timide, intelligent et plein de compassion. Un jour, au cours d'une leçon de conduite, j'ai sursauté en voyant un camion débouler sur la route et je me suis écrasée contre un arbre. Il y eut plus de peur que de mal, mais il a fallu qu'on s'occupe de nous, parce que Jason saignait au front et que j'avais un genou blessé.

Les soldats qui étaient dans le camion, inquiets d'être indirectement responsables d'un accident avec un officier, nous ont transportés dans l'hôpital le plus proche. C'était un établissement allemand, dont tout le personnel était aussi allemand. J'étais sûre qu'on ne ferait pas de mal à Jason à cause des représailles, mais je paniquais à l'idée qu'un médecin allemand me touche. Agrippée à la main de Jason, je suppliais que personne ne s'approche de moi sans qu'il soit présent.

En rentrant à Celle, il m'a prise par la main et m'a dit : « Il va falloir que tu apprennes à ne pas avoir peur. Ils ne peuvent plus te faire de mal. » Peut-être, mais, quelques jours plus tard, un incident m'a donné raison. On rentrait d'une promenade dans la lande quand on a découvert que les quatre pneus de sa jeep avaient été crevés.

29

J'avais transmis à Jason les nouvelles qu'Eva nous avait rapportées de Prague, ce qui nous avait beaucoup rapprochés, mais il y avait des sujets que nous n'abordions pas. Nous évitions soigneusement de parler du passé récent. Un jour, nous sommes allés voir un film – *Song of Russia*, si je me souviens bien –, précédé par des actualités qui montraient la libération de Bergen-Belsen, mais j'étais ailleurs, détachée, comme si je n'y croyais pas. Puis deux filles sont apparues dans un plan, debout dans un mirador au-dessus d'une pile de cadavres, agitant la main face à la caméra.

« Dieu du ciel, mais c'est Kitty et toi ! s'est exclamé Jason sur un ton excité qui ne lui ressemblait pas.

— Mais non, dis-je, c'est pas possible. »

En vérité j'étais profondément secouée.

Kitty avait résisté grâce à l'idée qu'elle se marierait, alors qu'elle n'avait reçu qu'une lettre de son fiancé. Elle noyait son chagrin dans les soirées et dans les bras de notre ami, le major Dr Jack, dont elle savait qu'il était marié. Les histoires d'amour se multipliaient.

Plusieurs filles tchèques ont même épousé des Anglais sans jamais rentrer chez elles.

Les autres restaient pour différentes raisons. Les Juives polonaises n'avaient aucune envie de retourner dans leur pays et cherchaient à entrer en contact avec un parent survivant pour émigrer en Palestine ou en Amérique. La Croix-Rouge était le lieu de rassemblement du camp et avait un immense tableau d'annonces et de messages envoyés du monde entier.

Du côté tchèque, les gens originaires de petites villes, qui parlaient mal l'allemand et comptaient parmi les Juifs les mieux assimilés, avaient hâte de rentrer, mais ceux qui avaient suivi le système scolaire allemand redoutaient l'accueil qui leur serait réservé. La Tchécoslovaquie avait lancé une violente campagne d'expulsion de tous les éléments allemands de la population – à l'exception des Juifs, évidemment, mais les Juifs germanophones n'étaient pas sûrs d'être les bienvenus, au contraire. Même notre groupe, entièrement tchèque, se posait des questions, ne sachant qui serait accepté ou non.

Le représentant du gouvernement tchécoslovaque, le capitaine Sejnoha, et les chauffeurs des cars qui venaient récupérer les détenus à Celle encourageaient tout le monde à rentrer et faisaient de leur mieux pour nous rassembler, ce qui n'était pas une mince affaire. Nous les trouvions un peu idéalistes et peut-être – je dis bien peut-être – pas tout à fait à l'image de la population générale. Le fait qu'ils conduisaient de vieux cars alimentés au bois et faisaient des milliers de kilomètres supplémentaires pour contourner la zone russe – les

Russes leur refusaient l'autorisation de traverser – montrait qu'ils étaient de tout cœur avec nous. Hélas, aliénées et déformées par six années de propagande allemande, nous étions incapables de saisir la main qu'ils nous tendaient.

Le statu quo nous convenait, peu importe que nous soyons dans un camp militaire. Nous étions logées et nourries, nos vœux les plus simples étaient exaucés, et, en prime, nous nous amusions.

En 1941, quand Joe avait quitté Prague, nous avions demandé à des amis de nous servir d'adresse où nous pourrions nous revoir et nous envoyer du courrier à la fin de la guerre. Je lui ai écrit une longue lettre aux bons soins de ces amis pour lui dire que j'étais vivante, mais que j'avais beaucoup changé et que je n'avais pas envie de le retrouver. Je n'incriminais personne, je pensais que nous nous étions mariés trop vite, à cause des circonstances exceptionnelles, et je n'étais pas sûre d'être faite pour le mariage. Je ne voulais pas qu'il vienne à Celle pour me faire changer d'avis, je réfléchissais, ma vie commençait à peine, et j'avais besoin de ma liberté.

Ce n'était pas à cause de Jason : nous avions beau être proches, nous maintenions une distance évidente. Notre relation correspondait au désir de chacun à ce moment-là. Je ne savais pas grand-chose de sa vie de civil en Angleterre et ne lui posais pas de questions – sans doute parce que je n'étais pas prête ou pas capable de tomber amoureuse. Inversement, il m'acceptait comme j'étais, y compris mes longs silences, mais il savait se rendre disponible quand j'avais besoin de sa compagnie.

Kitty et moi avions aussi une protectrice qu'on appelait la colonel M., une dame sud-africaine qui dirigeait la Croix-Rouge et qui, sans raison apparente, nous avait prises sous son aile. Elle voyait plutôt d'un bon œil nos liaisons avec les officiers, alors qu'elle était peu réputée pour sa tolérance. Elle surveillait les soirées dansantes et préférait mettre ses talents de marieuse au service du *Women's Royal Army Corps* (Corps féminin de l'armée royale). Peut-être est-ce la qualité de notre anglais qui nous différenciait. Elle nous couvrait de cadeaux, et un jour elle m'a même amenée chez le dentiste parce que j'avais une dent infectée ; de façon générale, elle nous maternait.

J'étais parfaitement rétablie. Mes cheveux repoussaient par petites touffes, et, grâce aux soirées, je recommençai à m'intéresser aux vêtements. Un jour, j'ai décidé, pour le plus grand bonheur de Kitty, de transformer plusieurs couvertures canadiennes bleu et beige en jupes et en vestes Eisenhower[1] ; malheureusement, nous n'avions pas de machine à coudre.

Nous en avons parlé à la colonel M., qui a demandé à Sunshine de nous emmener à la campagne pour en réquisitionner une quelque part, ce qu'il a fait avec plaisir. Nous avons choisi une jolie maison dans une zone résidentielle et nous avons sonné. Une femme a

1. Veste également appelée « Ike », utilisée par l'armée américaine. Elle a été rendue populaire par Eisenhower durant la Seconde Guerre mondiale.

ouvert la porte et ça m'a frappée : j'ai vu dans ses yeux la peur que j'avais chaque fois qu'un Allemand se présentait à ma porte avant la guerre. Elle a compris que Sunshine lui demandait simplement sa machine, elle s'est détendue et nous a donné du fil et tout le nécessaire. Sunshine lui a remis un reçu et nous sommes rentrés.

Un beau matin, fin juillet, nos bons amis sont venus en force pour discuter à cœur ouvert avec nous et plusieurs filles. Accompagnés par la colonel M., le visage grave, ils nous ont annoncé qu'ils allaient être remplacés par de nouvelles forces d'occupation. Ils préféraient que nous rentrions, à la fois pour notre bien et pour leur tranquillité d'esprit. L'attitude des soldats qui n'avaient pas participé à la libération de Bergen-Belsen risquait d'être très différente. Ils auraient sans doute du mal à distinguer une détenue juive libérée d'une *Fräulein* allemande.

C'était vrai, je l'avais compris un soir où je dansais avec un major qui venait d'arriver d'Écosse. Pendant que nous chaloupions, lui avec son kilt et moi avec un pantalon de la marine américaine, il m'avait dit qu'il trouvait bizarre d'avoir un numéro de téléphone tatoué sur un bras. Son ignorance m'avait tellement blessée que je l'avais planté au milieu de la piste de danse en me demandant pourquoi je réagissais aussi violemment. La colonel M. avait grimacé en découvrant l'incident, et ce jour-là elle a ajouté sa voix aux propos parfaitement sincères de nos amis.

Ils avaient raison. Il était temps que chacun rentre chez soi. Les adieux, collectifs et en tête à tête, avaient un parfum doux-amer. Nos libérateurs nous ont inondées de cadeaux pendant plusieurs jours : couvertures, boîtes de savon, aliments en conserve, cigarettes, même de l'argent allemand. Le jour où Kitty et moi étions prêtes, nous avions treize bagages à nous deux, plus une radio. C'était trop pour prendre le car, mais, comme nous ne faisions confiance à personne, nous avons préféré que Kitty prenne le vieux bus touristique qui faisait la navette entre Celle et Prague, et que je la suive dans un camion avec les bagages, trois jeunes prisonniers et le chauffeur nommé Pepik.

30

Nous sommes partis la première semaine d'août 1945. Mais le camion datait de Mathusalem, si bien qu'à la tombée de la nuit nous avions perdu de vue le bus. Aucun des hommes ne parlait anglais, et nous tombions en panne tous les 80 ou 100 kilomètres avec une précision d'horloge. Trouver de l'essence était déjà difficile, mais les problèmes mécaniques étaient encore pires dans la zone américaine. Les GIs, qui ne comprenaient pas comment on pouvait conduire un engin aussi pourri, étaient de très mauvais conseil – autant l'abandonner dans un fossé plutôt que de le réparer, disaient-ils.

Il fallait que je leur explique que nous étions des prisonniers politiques qui rentraient en Tchécoslovaquie, un pays occupé pendant six ans, et que la plupart des véhicules européens étaient dans le même état. Comme je doutais que l'armée américaine nous propose un de ses camions, auraient-ils la gentillesse de nous aider pour que le nôtre résiste le temps d'atteindre Prague ? En général, ils y parvenaient parce que c'étaient de bons mécaniciens et qu'ils s'y prenaient comme si c'était un puzzle.

Ils m'amusaient parce qu'ils étaient naïfs, curieux et beaucoup plus directs que les Britanniques. Ils n'avaient pas la moindre inhibition quand il s'agissait de me poser des questions sur mon tatouage ou de me faire des propositions que je pouvais refuser par un simple non. Sauf un chauffeur de taxi new-yorkais qui donnait des conseils à tous ses potes sur le meilleur moyen de réparer une pièce cassée. Intrigué par la présence d'une fille qui parlait anglais et accompagnée par quatre types qui avaient l'air de clochards, il m'a demandé : « Pourquoi ? » Ajoutant que le dépannage prendrait plusieurs heures, il m'a offert son lit avec un peu de chocolat chaud et du pâté Spam. Je lui ai dit que je n'étais pas particulièrement intéressée et que je n'étais pas une *Fräulein* allemande, mais ça ne l'a pas tellement impressionné, et il a repris son boulot.

Nous étions obligés de rouler de jour. La nuit était trop risquée pour le camion (baptisé Rocinante, comme le cheval de Don Quichotte), parce qu'il n'y avait pas moyen de trouver de l'aide. Au mieux, nous faisions 200 kilomètres par jour. Ce qui veut dire que nous (moi, du moins) devions trouver un lieu où dormir tous les soirs. Les garçons refusaient de laisser Rocinante sans surveillance et préféraient s'allonger sur les bagages. À tous les coups, un sous-off américain débarquait et proposait de réquisitionner un logement pour que j'y dorme.

Ça donnait lieu à des situations comiques, parce que j'avais peur des Allemands et qu'il suffisait qu'il y en ait un dans les parages pour que j'exige un garde du corps. Au sud de Cassel, que nous avons traversé un après-midi, il a fallu s'arrêter. Le sergent américain en poste dans la zone est entré dans la première maison en demandant un lit pour moi. Après moult hésitations, les gens ont accepté de me faire de la place sur le canapé du salon.

Bob, le sergent, m'a laissée en me disant qu'il n'était pas loin et que je pouvais crier à la fenêtre si nécessaire. Méfiante, je me suis allongée tout habillée sur le canapé. Une heure plus tard, le grand-père, un vieil homme qui me rappelait Spiess, est entré en me demandant si j'étais bien installée. Il a continué en m'expliquant que, dans la population allemande, personne ne se doutait de ce qui se passait dans les camps de concentration.

Dégoulinant d'une fausse pitié, il a tapoté mon tatouage et j'ai commencé à paniquer. J'ai bondi et je me suis précipitée à la fenêtre en hurlant, « Bob ! Bob ! À L'AIDE ! » Deux secondes plus tard, il était là ; il a chassé le vieux pervers avant de m'accompagner plus loin, dans une maison où vivaient une jeune femme et son enfant. Elle m'a installée à côté d'elle, dans le lit de son mari disparu, en promettant à Bob que je n'aurais rien à craindre. Mon petit doigt me disait que ce n'était pas la première fois que Bob et elle se voyaient. Si ça se trouve, je prenais même sa place.

Je me souviens qu'au cours de cette traversée de l'Allemagne, à l'été 45, la destruction du « Reich de mille ans » était manifeste. Comme les grands ports, Hambourg et Brême, les villes comme Cassel et Schweinfurt étaient en ruine. Les rares Allemands avec qui j'étais en contact étaient, en tout cas à mes yeux, aussi répugnants de servilité vis-à-vis des vainqueurs qu'ils l'avaient été d'obéissance vertueuse et aveugle vis-à-vis de leur Führer.

À Bad Hersfeld, nous avons attendu plusieurs heures pour la réparation du camion. Sur place, j'ai fait la connaissance d'un certain major Klein, un Juif de Philadelphie dont la famille était d'origine tchécoslovaque. Nous avons pris un petit-déjeuner à base d'œufs en poudre, de bacon et de Nescafé au cours duquel il m'a harcelée de questions, parce qu'il cherchait à trouver des traces de sa famille. Il s'est démené pour que Rocinante finisse la seconde partie de notre voyage – ce qui relevait du miracle, vu que les pare-chocs tenaient avec de la ficelle et que les freins étaient quasiment inexistants. Heureusement, Rocinante ne faisait pas plus d'une quarantaine de kilomètres par heure, et, lorsque ça descendait, Pepik freinait en passant en première. Nous avons fini par atteindre la frontière tchèque, près de Tachov. C'était la limite de la zone américaine, et c'est aussi là que j'ai rencontré mon premier Russe.

Pendant que Pepik allait montrer nos autorisations au corps de garde, un petit soldat râblé avec un bazooka et une casquette à étoile rouge me dévisageait d'un air curieux. Incapable de communiquer dans une langue étrangère, il a pointé le doigt sur mes lèvres et m'a demandé en russe : « *Ty kurva ?* » (« Tu es une pute ? ») Même nous, on a compris, et les garçons sur le toit du camion ont éclaté de rire. Peu après, Pepik est revenu et a expliqué à notre ami et libérateur qu'en Europe beaucoup de filles portaient du rouge à lèvres, ce qui n'était pas forcément un signe de mauvaise vie.

Nous avons repris la route pour aller jusqu'à Plzeň, où j'espérais que Kitty nous attendait puisqu'elle avait une demi-sœur mariée à un médecin chrétien qui vivait là. Hélas, on nous a dit que le bus avait débarqué les gens de la région et nous avait attendus pendant deux jours, mais il était reparti pour Prague le matin même, parce que le chauffeur pensait qu'on avait traversé la frontière ailleurs. Nous avons déposé les bagages étiquetés Plzeň et décidé de continuer jusqu'à Prague, même s'il faisait déjà nuit.

À peine avions-nous traversé la frontière que je m'étais laissé emporter par mon amour pour la campagne de Bohême comme par une avalanche, et mon excitation ne faisait qu'augmenter. À 13 heures, alors que nous montions une côte à une vingtaine de kilomètres de Prague, Rocinante a piétiné et toussoté, refusant soudain d'avancer. Exaspéré, Pepik a lâché un savoureux *Predle !* (un juron tchèque intraduisible, proche de « Oh, et puis merde ! ») et s'est jeté sur le siège du camion en annonçant qu'il s'offrait un petit somme. Je l'ai supplié, cajolé, j'ai proposé de pousser Rocinante, en vain. Il ronflait déjà bruyamment.

Frustrée, j'ai fait quelques centaines de mètres à pied jusqu'au sommet de la colline et j'ai vu le halo lumineux planant au-dessus de Prague. Pauvre de moi, j'étais coincée avec un camion déglingué et un chauffeur qui ronflait ! Franchement, quelle injustice.

Le temps s'est éclairci, et Pepik s'est réveillé. Voyant ma mine triste, il a ouvert le capot et trifouillé dans le moteur. Désespéré, il a balancé un violent coup de pied dans l'engin et soudain, surprise, le moteur est reparti.

Il était 5 heures du matin quand nous sommes entrés dans Prague, après avoir évité la quarantaine et le poste de contrôle, filant directement chez l'ancien camarade de classe de Kitty où nous avions rendez-vous. Toute la rue a été réveillée par le raffut du camion jusqu'au moment où Jirka, sa mère, et sa grand-mère se sont précipitées dehors pour nous accueillir. Trois ans presque jour pour jour après être partie, j'étais enfin de retour chez moi.

31

Chez moi ? J'étais là, dans un minuscule trois-pièces avec trois personnes adorables et prêtes à le partager avec nous. Mais je venais de les rencontrer et elles parlaient de cuisine comme si elles pouvaient rattraper trois ans de sous-alimentation en un repas.

Après le petit-déjeuner et quelques coups de fil, nous sommes allées en ville. Nous sommes montées sur la plate-forme arrière du dernier wagon du tram, comme des petits caniches bien dressés, alors qu'il y avait plein de sièges vides à l'intérieur, oubliant que la signalisation injurieuse pour les Juifs avait disparu. J'avais rendez-vous avec Max, un ami de la famille marié à une chrétienne, chez qui il était prévu que je retrouve Joe et que je lui dépose des messages.

Le soleil brillait, et la ville était magnifique. Elle n'avait pas été bombardée et était telle que depuis des siècles – ou presque, du moins à mes yeux. Les noms de magasins avaient changé, et les passants habillés en civil m'impressionnaient. Je me sentais un peu bécasse avec ma petite robe en coton et mes jambes nues à côté de l'élégance, certes un peu datée, de la foule de la place Venceslas.

Le pauvre Max n'avait pas l'air très à l'aise. Vêtu d'un costume d'avant-guerre impeccable, il m'a rendu la lettre, non lue, que j'avais envoyée à Joe en m'annonçant qu'il était mort. L'idée que Joe pourrait ne pas survivre ne m'avait jamais traversé l'esprit, et j'étais submergée par la honte et le regret en pensant à ce que je lui avais écrit. Gêné, Max m'a donné mille couronnes pour que je tienne quelques jours et m'a invitée à dîner le soir même, avant de sortir en bredouillant des excuses.

Je suis allée au centre communautaire juif pour savoir comment recouvrer l'entière citoyenneté tchécoslovaque et obtenir un appartement, mais je n'avais aucun papier – j'avais tous remis à qui de droit trois ans plus tôt. J'ai passé un temps fou à remplir des formulaires avant qu'on me donne une série d'adresses où je trouverais des copies de mes papiers. Puis on m'a expliqué qu'il y avait une grave pénurie de logements, que les personnes seules n'avaient pas droit à un appartement indépendant, et que les familles et les couples mariés avaient la priorité. J'en ai profité pour examiner la liste des morts, des personnes disparues et des lieux où elles avaient été déportées, mais je suis sortie tellement déprimée que j'aurais pris le premier bus pour l'Allemagne si ça avait pu résoudre quelque chose.

J'ai fait un saut dans nos anciens ateliers. Marie m'a accueillie d'un air aussi gêné que Max, précisant aussitôt que je n'avais plus rien sur place. Elle avait tout stocké dans un garde-meuble à la fin de la guerre pour éviter que les autorités tchèques ne l'accusent de spolier des biens juifs. Elle s'est dépêchée d'ajouter que plus aucun de nos anciens clients ne venait la voir, ni elle ni son mari, qui était tailleur. Ils avaient entièrement remeublé les lieux à leurs frais et changé le nom du bénéficiaire du bail : tout était à eux.

J'ai compris le message et je suis repartie chez Max et sa famille. Nous avons dîné sur une nappe qui m'appartenait et bu dans les verres de ma mère comme si de rien n'était. J'étais trop mal à l'aise pour faire des remarques, mais je leur ai demandé ce qu'étaient devenus les vêtements de Joe que j'avais déposés chez eux. Je n'avais pas grand-chose à me mettre pour l'hiver et je me disais que je pourrais en reprendre certains.

Ils étaient en train de m'expliquer que toute la population avait souffert et qu'ils avaient troqué beaucoup de nos affaires contre de la nourriture quand leur fils aîné, qui avait 18 ans, est entré. Il portait un costume de Joe. Alena, la femme de Max, a rougi, mais je l'ai rassurée : ce n'était pas grave, je comprenais, de toute façon, le costume lui allait mieux qu'à moi. Sauf que je ne n'ai jamais compris. Ni ce jour-là, et encore moins au fil des semaines qui ont suivi chaque fois que la scène se répétait.

Heureusement, tout le monde ne réagissait pas de façon aussi grossière à mon retour, même si j'avais du mal à me défaire de mon amertume. Je suis allée voir une de nos anciennes clientes, qui vivait dans une petite ville de province. C'est Mutti qui avait fait sa robe de mariée, et elle avait déposé chez elle de l'argent et des boucles d'oreilles en diamants. Son mari, sa mère et elle m'ont accueillie comme si j'étais leur fille. Non seulement ils m'ont rendu une somme trois fois supérieure à celle qu'ils me devaient à cause de la dépréciation de la monnaie, mais ils ne voulaient plus que je reparte. Ils m'ont même proposé de m'adopter, parce qu'ils n'avaient pas d'enfants. J'étais touchée par leur bienveillance, mais j'ai réfléchi quelques jours avant de comprendre que je serais incapable de vivre en province, chez des gens qui m'étaient relativement étrangers.

Ils n'ont pas été les seuls à m'offrir leur toit. Beaucoup d'amis essayaient de me faciliter la vie, même s'ils étaient un peu mal à l'aise parce qu'ils avaient peur de me heurter. J'en venais à détester l'image de pauvre fille qu'ils avaient de moi.

« Comment vous avez réussi à survivre, vous, les autres, c'est un miracle ! »

Personne avant la guerre ne m'avait jamais appelée comme ça, « vous, les autres ».

J'entendais aussi souvent : « Tu n'imagines pas à quel point on mourait de faim. Il y avait des coupons pour tout ! »

Ou encore : « Une fille aussi jolie et intelligente que toi se remariera très vite, tu verras, tu n'auras plus de problèmes. »

Ce genre de réflexions, et j'en passe et des meilleures, me rendait folle de rage. Les seules personnes avec qui j'étais vraiment détendue étaient les amis qui avaient survécu à Theresienstadt. Certains étaient rentrés juste après la Libération et habitaient dans des appartements confisqués aux Allemands. D'autres vivaient chez eux, comme avant-guerre, surtout s'ils étaient propriétaires, mais souvent sans mobilier. Avec eux, je n'avais pas l'impression de quémander pour vivre. Ils me remontaient le moral en me disant que je m'adapterais et que tout allait revenir à la normale – mais pourquoi diable est-ce que j'étais rentrée tellement tard ? Après tout, on était vivants, alors que demander de plus ?

Ils avaient raison, évidemment, mais, pour la première fois depuis six ans, je n'avais plus aucune énergie. J'étais perdue, épuisée, je me sentais affreusement seule. Désormais, c'est Kitty qui m'encourageait à faire ci ou ça, à récupérer mes biens, à sortir, à m'activer – quand elle avait le temps, vu sa vie sociale de plus en plus agitée.

Elle nous avait dégotté une chambre dans le grand appartement où vivaient son ancien patron et sa famille, sur la place de la Vieille-Ville, en face de la statue de Jan Hus. Ils nous l'avaient proposée en se disant que Kitty finirait par épouser son patron, un célibataire de 45 ans qui était amoureux d'elle depuis toujours. Elle avait commencé à travailler pour lui à l'adolescence, et il n'attendait que ça. Il avait fait deux ans de prison pour avoir rendu visite en douce à Kitty et à ses parents à Theresienstadt. En tout cas, pour l'instant, nous avions un toit.

Contrairement à Kitty, j'étais incapable de répondre à la sollicitude des gens, alors que j'avais désespérément besoin d'eux. La bureaucratie me rendait folle. J'ai mis deux semaines à obtenir mes papiers. On m'a proposé un job d'assistante multilingue dans une boîte d'export, un poste qui m'intéressait parce qu'il impliquait de voyager. J'ai déposé une demande de passeport, mais il fallait que je prouve que j'avais été enregistrée comme citoyenne tchèque au recensement de 1930. Deux semaines plus tard, j'ai reçu un courrier m'informant que mon père avait indiqué la nationalité « allemande » pour lui et moi. Dégoûtée, j'ai déchiré la notification, ce qui bloquait ou retardait l'émission du passeport, peu importe que je sois une citoyenne tchèque, née en République tchécoslovaque, qui avait 10 ans à l'époque du recensement. Peu après, j'ai réussi à prouver que j'avais été scolarisée dans le système français, ce qui équivalait à une scolarisation tchécoslovaque. Trop tard, le job avait été attribué.

Je n'avais pas envie de postuler pour un autre emploi ni de rouvrir une maison de couture. J'avais un peu d'argent, je touchais une pension du gouvernement et je dépensais peu ; du coup, je me laissais aller. Je sillonnais la ville pendant des heures en imaginant mes parents à chaque coin de rue qui m'était familier. Le seul endroit où j'échappais à la mélancolie était la Salle Smetana, réservée à l'Orchestre philharmonique tchèque. La musique était l'unique langage qui n'avait pas acquis un double sens à mes oreilles.

J'accumulais les liaisons avec des hommes. Je ne supportais pas d'être assise toute seule chez moi dans une chambre vide. Je me suis retrouvée dans des situations inouïes. Je fréquentais un homme marié qui était un ami de Joe dont la mère avait été à Theresienstadt. Il avait épousé une chrétienne, il avait deux enfants « techniquement » aryens et vivait tranquillement à Prague.

Il était obnubilé par l'idée que sa défunte mère voulait qu'il m'épouse parce qu'un jour – des années plus tôt, alors que je lui avais été présentée comme la fiancée de Joe –, elle lui avait dit que j'étais le genre de fille qu'il aurait dû épouser. J'étais aussi insensible à son dilemme qu'à la douleur de sa femme qui a failli se suicider quand elle a découvert où et avec qui son mari passait le plus clair de son temps. La remarque de sa belle-mère était évidemment un sujet de discorde fréquent entre eux, puisqu'elle sous-entendait qu'il aurait dû se marier avec une femme juive.

Mon vieil ami de Theresienstadt, le Dr V., a mis fin à cette situation absurde, qu'il voyait d'un très mauvais œil, en annonçant à tout Prague que j'étais sa maîtresse, ce qui n'était pas tout à fait vrai. Je fréquentais aussi un partisan slovaque avec des cheveux longs et une moustache à la Staline, qui me titillait à cause de mon petit faible pour les réseaux secrets, mais finalement il était crétin et n'avait rien d'héroïque. Sans compter quelques vieilles flammes que j'affichais quand j'avais 16 ans et que je croyais formidables.

Il suffisait que je sorte trois ou quatre fois avec ces hommes pour que je comprenne qu'ils avaient des pieds d'argile. Par ailleurs, leur vision des choses était très différente de la mienne. La plupart appartenaient à un parti et cherchaient à m'embrigader. Le seul parti que je voulais rejoindre était celui de la race humaine.

Edvard Beneš était rentré d'exil et présidait un gouvernement de coalition qui comprenait un Parti communiste fort, dont les rangs avaient bénéficié du retour de prisonniers qui n'avaient rien à perdre, sinon leur liberté. Une fois de plus, ils étaient peu à s'en rendre compte. Trahis par Munich, beaucoup de gens de ma génération pensaient que le communisme était le seul moyen d'éviter le retour du fascisme. J'ai passé des nuits entières à écouter mes contemporains, surtout les artistes, tenir ce genre de raisonnement.

Je n'avais pas d'opinion très arrêtée, mais je leur répondais que les communistes se contenteraient de remplacer les Juifs par les bourgeois pour créer un nouveau système totalitaire. J'évitais de m'engager, parce que je n'avais jamais été très suiviste. La situation sociale n'était pas revenue à la normale : l'inflation et la pénurie de logements se confirmaient, et le goût n'était pas encore au travail. J'étais tellement conditionnée et habituée à recevoir des ordres que j'étais incapable de prendre une initiative. L'idée de me rendre dans un bureau pour obtenir un papier suscitait chez moi à la fois de la peur et du mépris pour quiconque serait en face de moi. Le mot « Autorité » était devenu presque obscène. Ma fameuse autodiscipline avait disparu à l'époque de Bergen-Belsen. Je me disais que ni l'argent ni les biens matériels ne valaient la peine de travailler.

Quand j'étais à Celle, encouragée par la colonel M., j'avais remis à la Croix-Rouge la liste des membres de ma famille qui avaient fui les persécutions dès le début, mais sans savoir où ils s'étaient réfugiés. Ces listes étaient affichées dans les consulats et les ambassades de la plupart des villes du monde occidental. C'est comme ça que mon cousin, Peter Sachsel, a découvert que j'étais vivante.

Sa lettre a été une heureuse surprise. Peter était particulièrement proche de moi. Nous étions tous les deux de 1920 et nous avions joué ensemble jusqu'à 5 ans, l'âge qu'il avait quand ses parents et lui avaient déménagé à Bratislava. Nous allions souvent les voir, et son père, Emil Sachsel, le frère chéri de ma mère et mon oncle préféré, venait encore plus souvent à Prague, où il avait des affaires. Je l'avais vu pour la dernière fois en 1939, avant d'épouser Joe. Il était soulagé que Peter soit parti faire ses études en France, à Lyon, avant l'invasion allemande. Ne pouvant pas revenir en Tchécoslovaquie, et pas assez bête pour essayer, Peter s'était débrouillé pour aller aux États-Unis en passant par Cuba, et en espérant que ses parents et son petit frère suivraient.

C'était à l'automne 1945. J'avais abandonné tout espoir de revoir ou d'entendre quelqu'un de ma famille. Je lisais sa lettre en imaginant sa joie le jour où on lui avait annoncé que le consulat tchécoslovaque le cherchait, suivie par sa déception en comprenant que c'était moi plutôt que ses parents ou son frère. Ils avaient été déportés de Bratislava et avaient disparu dans l'usine de mise à mort d'Europe de l'Est sans laisser de traces.

Nous avons commencé à échanger des lettres, mais j'ai compris qu'il n'avait pas le courage de revenir en Tchécoslovaquie, nc serait-ce que pour récupérer ses biens, alors que je mourais d'envie de le voir. Il était comme moi, il préférait enfermer ce passé douloureux dans une boîte fermée à double tour et recommencer à zéro. C'était plus facile à dire qu'à faire. Les souvenirs et les questions sur ce qui nous avait permis d'échapper au massacre nous hantaient.

32

L'automne nous a apporté le mauvais temps et la dévaluation de la monnaie tchèque. Le premier m'a obligée à ralentir le rythme de mes déambulations dans la ville, et la seconde a réduit mes réserves d'argent à un dixième de leur valeur. Tous les comptes d'épargne étaient bloqués, mais il était encore possible de prendre une somme minimale pour les prisonniers qui rentraient. Je continuais à toucher mon allocation, mais je commençais à être un peu juste.

C'est en partie pour cela, mais surtout parce que je ne pouvais plus perdre mon temps à flâner, que j'ai accepté un job. C'était un travail qui manquait d'ambition et m'ennuyait à mourir, mais il payait bien parce que mon patron était flatté d'embaucher l'ex-propriétaire d'une maison de couture connue. Je tombais régulièrement sur d'anciennes clientes qui, après m'avoir demandé des nouvelles de ma mère, voulaient savoir si je comptais rouvrir notre salon. Elles ne s'étaient rien acheté depuis mon départ et regrettaient que je travaille pour un autre. J'avoue que les démarches à faire pour les restitutions d'entreprises, les autorisations à récupérer et la responsabilité d'employés m'assommaient.

J'ai quand même fini par aller voir ce que nous avions dans le garde-meuble. Le mobilier Louis XIV était en train de moisir et tenait à peine debout. Il ne restait plus un centimètre de tissu ni la moindre fourniture, tout ayant évidemment été utilisé par Marie. Seules les têtes des machines à coudre étaient réutilisables, parce qu'elles avaient été abondamment huilées.

Relancer l'entreprise me semblait insurmontable. J'étais pourtant sensible aux arguments d'une ancienne cliente et amie de ma mère qui pensait que Mutti n'aurait pas aimé que j'hésite. Elle a fini par répondre à mes objections en m'offrant un atelier à côté de son bureau.

Comme elle prétendait avoir assez de pouvoir, grâce au Parti communiste, pour obtenir qu'on me restitue ma licence, je l'ai laissée faire en me disant qu'il faudrait des mois pour que cet appui se traduise concrètement. Mon absence d'enthousiasme devait l'exaspérer, mais elle m'a mise en contact avec un homme qui faisait partie de la commission chargée de la restitution des entreprises juives. Il était prêt à m'aider – en échange des chaussures de ski de mon défunt mari –, peu importe que je n'appartienne pas au Parti communiste. Chaque commission comprenait quatre membres, dont chacun représentait un parti de la coalition gouvernementale, et fonctionnait suivant le principe « un prêté pour un rendu ».

Quelques semaines plus tard, voyant que rien ne se passait, il m'a avoué que le traitement des dossiers avait du retard et que la tendance était à « ne pas se dépêcher pour la restitution des entreprises juives ». Je n'ai jamais réussi à savoir s'il s'agissait du point de vue des communistes ou s'il parlait de la commission en général. Il est évident que l'occupation allemande avait laissé des traces d'un nouveau type d'antisémitisme, beaucoup plus subtil et plus caché. C'était aussi sensible à l'Union des prisonniers politiques libérés, chez qui on sentait une distinction à peine perceptible entre rapatriés juifs et chrétiens.

En revanche, dans la population en général, c'était faux, ce qu'attestaient les centaines de mariages mixtes, sans compter les veufs et veuves de guerre qui se remariaient. Il n'empêche, beaucoup de gens avaient du mal à vivre loin de leurs parents ayant émigré. La séparation ravivait des souvenirs trop douloureux, et la célébration permanente de la Libération – par les Russes – n'augurait pas un avenir très rassurant. Les plus inquiets commençaient à faire des démarches pour émigrer. Ils préféraient élever leurs enfants dans des pays que leur situation géographique rendait moins vulnérables.

De mon côté, je n'ai succombé ni au mariage ni à la fièvre d'émigration. D'abord, j'étais décidée à ne pas me remarier, vu ce que je considérais avoir été un fiasco la première fois. Je me sentais incapable, du moins en avais-je peur, de m'attacher profondément à un être humain. Quant à l'émigration, quelle que soit la façon dont j'envisageais ma situation, si j'avais des racines, elles étaient à Prague. Je croyais encore à la décence de la nation tchèque, surtout si Beneš était président et si Jan Masaryk, son ministre des Affaires étrangères admiré, représentait la République tchécoslovaque aux Nations unies.

Ces deux symboles de l'État d'avant-guerre cherchaient à « construire des ponts vers l'Ouest », et nous étions nombreux à penser qu'ils y parviendraient, que la situation politique se stabiliserait et que les communistes perdraient en influence. Dans une de ses lettres, la colonel M., avec qui je correspondais, me suggéra d'aller m'installer en Afrique du Sud. J'avais l'air malheureuse dans mon pays natal, disait-elle. Peut-être, mais ce que j'entendais dire sur l'Afrique du Sud me rappelait malheureusement l'antisémitisme.

J'avais de plus en plus l'impression d'être la proie idéale pour les hommes que je rencontrais, ce que j'encourageais sans doute inconsciemment, tant j'avais besoin de chaleur humaine. Je me sentais obligée de payer chaque dîner ou chaque invitation au théâtre par une nuit dans le lit de l'homme en question – en plus, il fallait que je m'estime flattée. Pour remédier à cette situation, j'ai décidé de m'acheter un petit chien, un fox-terrier à poil dur qui ressemblait à mon petit Tommy assassiné au début de la guerre. Je l'emmenais partout, même au travail, où il laissait des petites flaques dans les coins. Les clients étaient déroutés, plus que mon patron qui ne passait qu'une fois par semaine en moyenne pour récolter les recettes. Hélas, la thérapie que je m'étais prescrite s'est révélée trop efficace. J'étais trop attachée à cette adorable créature, à tel point que j'avais peur qu'elle ne finisse par me faire du mal. Je l'ai donnée aux enfants de mon patron sur un coup de tête.

Un jour, j'ai reçu un coup de fil d'un vieil ami de Theresienstadt qui appelait de la part de notre adorable gendarme, Karel, trop timide pour me proposer un rendez-vous directement par téléphone. Je suis arrivée au restaurant comme convenu, et je cherchais des yeux un officier de police en uniforme quand j'ai vu un homme blond qui portait un costume bleu marine, une cravate et une épingle avec perle se lever pour me saluer. Chacun s'est assis, surpris et un peu mal à l'aise de voir le changement d'apparence et d'image de l'autre.

Je lui ai résumé mes aventures diverses et variées en répondant à ses questions, et peu à peu, hésitant, il a fini par me dire pourquoi il m'avait demandé rendez-vous. Il avait appris que mon mari était mort et se disait que, pourquoi pas, nous pourrions essayer de sortir ensemble et, peut-être, si ça se passait bien, un jour nous pourrions nous marier. Il était parfaitement sérieux et, en bon natif de Bohême bien élevé, il a tout de suite ajouté qu'il saurait s'occuper de moi. Il avait quitté la gendarmerie et venait de s'acheter une exploitation fermière tellement grande qu'il avait dû embaucher de la main-d'œuvre.

Il n'avait pas besoin de me dire qu'il réussissait ; j'avais déjà remarqué la grosse bague couverte de diamants qu'il portait. « Bien juif » : l'expression m'a tout de suite traversé l'esprit, mais je n'ai pas moufté. Après tout, il avait rendu service à beaucoup de gens et avait été particulièrement bienveillant avec moi. Cela dit, je trouvais son idée totalement incongrue, même si je savais qu'une ancienne détenue de Theresienstadt avait épousé « son » gendarme à la fin de la guerre et était enceinte. En tâchant de ne pas le blesser, je lui ai expliqué que j'étais à la fois surprise et honorée par sa proposition, mais que je m'étais juré de ne pas remarier.

Il trouvait que c'était une décision trop dure pour une jeune femme de 25 ans. Je lui ai dit que nous parlions dans le vide, puisque, du point de vue juridique, je n'étais pas libre. C'était vrai. Il fallait que j'attende six mois pour avoir un certificat de décès de mon mari après avoir trouvé un témoin direct de sa mort, et plus de six mois si je n'avais aucune preuve. Les paroles d'adieu de Karel étaient les suivantes : « J'attendrai ; entre-temps, on restera amis. »

Grâce à lui, j'ai appris que Honza était rentré, mais hospitalisé parce qu'il avait la tuberculose. J'étais contente de savoir qu'il était vivant, parce qu'il avait une trentaine d'années à peine, mais j'ai attendu quelques semaines avant d'aller le voir. J'ai eu un choc : il était en phase terminale et n'avait aucune chance de récupérer. Il a esquissé un demi-sourire au moment où j'ai pris sa main squelettique, mais il pouvait à peine parler à cause d'une toux rocailleuse qui donnait l'impression de drainer le peu de sang qui restait dans son corps émacié. Pourquoi ? Pourquoi fallait-il qu'un homme aussi intelligent et aussi bon, qui avait tant fait pour l'humanité, meure alors que la guerre était finie ? Pourquoi le destin était-il aussi capricieux et détruisait-il les meilleurs d'entre nous ? Tourmentée par ces questions, j'ai sombré dans une crise de larmes incontrôlable, comme à Theresienstadt, après le départ de mes parents.

Le hasard a fait que je suis tombée sur Margot dans la salle d'attente. Elle avait rendez-vous avec un médecin qui nous suivait toutes les deux pour divers problèmes. Nous sommes tombées dans les bras l'une de l'autre, en larmes, évoquant aussitôt les prophéties de la femme qui lisait les lignes de la main dans le ghetto. Margot avait été en captivité à Mauthausen, en Autriche, et retrouvée, presque morte, par un colonel tchèque, prisonnier depuis près de six ans. Elle avait beau être citoyenne allemande, elle voulait rejoindre Arthur à Prague. Le colonel S. lui avait proposé d'user de son influence pour lui obtenir l'autorisation d'y aller. Arrivée à Prague, elle avait découvert qu'elle était veuve. Arthur avait succombé à une marche de la mort au cours des dernières semaines de la guerre.

Elle s'était installée sur place avec des amis, déterminée à ne plus remettre les pieds en Allemagne. Elle avait commencé à faire les démarches pour émigrer aux États-Unis, parce que Arthur avait un frère qui vivait à Cincinnati. Mais elle avait une longue période d'attente devant elle, le système de quotas américain étant compliqué et son permis de séjour tchécoslovaque temporaire – elle devait le renouveler tous les mois. Elle avait avec le colonel S. une aventure qui n'était pas sans lien avec ce qu'elle lui devait pour lui avoir permis de revenir en Tchécoslovaquie. Il était juif et, par une étrange coïncidence, il savait ce qui était arrivé à Joe et m'a tout raconté.

Joe avait été ramené dans la petite forteresse voisine de Theresienstadt et emprisonné dans un block avec des officiers de l'armée tchèque. Le jour où ces prisonniers avaient été transférés à Auschwitz, il y avait été envoyé avec eux, perdant au passage son qualificatif de Juif à cause d'un geôlier négligent. Personne ne s'en était rendu compte à Auschwitz, non seulement parce que sa mère avait refusé de le faire circoncire, mais parce que son nom ne sonnait pas juif. Ses codétenus les considéraient, lui et le colonel S., comme deux des leurs. Ils n'avaient jamais fait la moindre allusion au fait qu'ils comptaient des Juifs parmi eux devant les Allemands. Ce qui avait permis à Joe d'échapper aux fours.

Le front de l'Est se rapprochait, et les prisonniers – que les nazis considéraient comme des otages – ont été évacués à Mauthausen, où les conditions étaient comparables à celles de Bergen-Belsen. Joe avait arraché les couronnes de ses dents pour les échanger contre du pain, ses jambes ayant triplé de volume à cause d'œdèmes liés à la faim. Mi-mars, un appel à volontaires avait été lancé par les mines de sel d'Ebensee contre la promesse de rations alimentaires plus importantes. Ignorant la vieille maxime de l'armée qui recommande de ne jamais se porter volontaire pour quoi que ce soit, il avait mordu à l'hameçon et était parti.

Il était mort au fond des mines à l'époque où j'avais été libérée de Bergen-Belsen. Il donnait l'impression d'avoir nargué la Camarde tout en flirtant avec elle. Toute sa famille avait été éliminée, rayée, comme si elle n'avait jamais existé. J'avais beau savoir qu'il était mort, les détails que je découvrais scellaient définitivement sa perte. Jusqu'ici, curieusement, j'espérais encore qu'un jour il apparaîtrait à la porte avec un grand sourire et me raconterait ses folles aventures.

Pour mes parents, c'était différent. Quels que soient les gens que j'ai rencontrés et interrogés, je n'ai jamais réussi à retrouver le moindre survivant de leur transport. À en croire les documents officiels, leur destination finale était Riga, un nom qui pouvait désigner n'importe quel camp de la région. Je n'arrivais pas à croire qu'ils avaient définitivement disparu. Je le savais, mais je n'arrivais pas à me convaincre de la réalité de leur perte.

Je vivais toujours dans le même appartement que Kitty, mais nous avions moins besoin de nous protéger physiquement et nous nous éloignions. À part deux ou trois amis communs, nous évoluions dans des cercles difficilement compatibles. Je privilégiais la compagnie d'artistes et d'intellectuels, alors qu'elle aimait les gens fortunés et insouciants qui avaient hâte de retrouver leur vie d'avant-guerre.

Comme elle refusait de parler à son ancien fiancé, Ivan, même au téléphone, c'est moi qui suis allée récupérer ses affaires chez lui. Je n'ai pas pu m'empêcher de lui poser une question un peu sarcastique quand je l'ai vu : pourquoi lui avait-il écrit une lettre d'amour aussi enflammée, digne d'un grand poète, en décembre, et épousé une autre en février ? Vu les informations qui circulaient à Prague, il devait savoir que la guerre approchait de la fin. Il aurait pu attendre le retour de Kitty.

Visiblement gêné, il s'est contenté de me dire que ce n'étaient pas mes oignons ; par ailleurs, il pensait que Kitty avait été déclarée incurable et ne pourrait jamais être la mère de ses enfants. Il devait en être très convaincu, parce que les vêtements qu'il m'a rendus pour Kitty avaient déjà été ajustés à la taille de sa femme, et personne n'avait jugé bon de les faire nettoyer.

En novembre 1945, nous cohabitions depuis trois mois avec le patron de Kitty et ses proches, mais la pression commençait à monter parce que la famille voulait qu'il l'épouse et fixe une date de mariage. Une explication houleuse a suivi. Kitty lui a rappelé qu'elle n'avait jamais été officiellement fiancée à lui et qu'elle n'avait pas l'intention de se marier – ni là ni plus tard, et ni avec lui ni avec un autre.

Nous avons évidemment été obligées de déménager le plus vite possible.

Kitty s'est installée chez un cousin éloigné de son père qui avait un studio avec une chambre pour une personne. Je me suis retrouvée sans rien pendant plusieurs semaines. Je dépendais de l'hospitalité des uns et des autres, et il m'arrivait de ne pas savoir l'après-midi où je dormirais le soir même. Puis le bon vieux Dr V. m'a proposé son appartement pour quelques mois, puisqu'il devait remplacer un collègue malade en province. L'appartement était un bien dont il était propriétaire avant la guerre et qu'il avait réussi à récupérer. Le mobilier avait complètement disparu. Il n'y avait rien, à part deux ou trois valises qui servaient de tables basses et un lit pliant. Ravie d'avoir un toit, j'ai acheté un canapé et j'y ai emménagé.

J'avais fait sa connaissance à Theresienstadt parce que c'était un des clients du service de messagerie de Joe, et il était alors fiancé à une jeune chrétienne qui était l'ancienne infirmière de son bloc opératoire. C'était une figure de légende du ghetto : il était fidèle à sa fiancée, et les gens le taquinaient pour cette dévotion d'un autre temps. Il m'avait fait ses confidences et longuement chanté les louanges de cette jeune femme en or. Le Dr V. était aussi un assimilationniste convaincu. Il pensait que les Juifs ne trouveraient leur salut que s'ils se fondaient dans la masse, et citait en exemple le mariage de sa tante préférée à un peintre tchèque célèbre. Du reste, il estimait que les femmes juives étaient trop possessives vis-à-vis de leurs hommes.

À peine rentré à Prague, il avait appris par les rumeurs de l'hôpital que sa bonne amie avait vécu trois ans avec un officier SS. C'était un Allemand chargé de l'administration de l'hôpital qui avait été arrêté chez elle. Au début, le Dr V. avait réagi par le déni, sous prétexte qu'il s'agissait de ragots, jusqu'au jour où il avait interrogé sa fiancée, Jarmila. Elle n'avait pas eu le choix, lui dit-elle, on l'avait obligée à vivre avec cet Allemand sous peine d'emprisonnement, ou pire.

Mortifié, ne sachant si elle disait la vérité, il s'était réfugié dans le travail et dans son appartement vide, mais il continuait à la voir. C'est dans cet état que je l'avais retrouvé à Prague. Je l'avais écouté se torturer pour trouver une solution quand j'avais fini par comprendre qu'il était plus amoureux de l'image de Jarmila que de sa personne. Magnanime, il avait décidé d'oublier sa blessure et de lui donner une seconde chance. Hélas, il avait beau être déterminé, son corps se révoltait : d'où son échappée en province.

Son appartement était une bénédiction, mais il me privait de sa compagnie pour aller au concert. Nous étions devenus très amis, et j'avais beaucoup de respect pour lui, parce qu'il était comme la plupart des anciens prisonniers plus proches de 40 ans que de 20 ans : il avait un système de valeurs très sûr qui datait de l'époque de son incarcération. Il n'avait pas été avili ni corrompu par l'épreuve, une droiture que j'attribuais à son âge. *A contrario*, ma confiance en l'homme était profondément ébranlée, et j'étais devenue un peu cynique.

La musique de Gustav Mahler reflétait mon état d'esprit, oscillant entre violents sursauts d'énergie, promesse d'avenir et profond désespoir. Je voulais être une femme libre et indépendante, mais j'avais besoin de figures paternelles pour éviter d'accumuler les aventures sans lendemain. Je manquais souvent de discernement. Le versant masculin de ma personnalité, toujours présent et encouragé par mon père, s'était affirmé pendant mes années de captivité, parce que je jouais le rôle de protecteur de Kitty, que je vivais et travaillais comme un troupier, ou pire. Ça se voyait dans mes gestes ; même ma voix était devenue plus grave.

Pour la première fois depuis des années, je vivais seule, dans un calme presque angoissant. J'avais beau apprécier la solitude, elle m'incitait à ruminer. Peu à peu, je m'étais mis en tête que j'étais complice du meurtre de mes parents. J'essayais de me raisonner, mais j'étais incapable de me défaire de cette idée. J'avais accompli la promesse de ma mère, survivre, parce que j'avais de la chance et de la volonté, mais je m'en voulais de ne pas avoir essayé de les sauver. En même temps, je ne voyais pas ce que j'aurais pu faire.

Noël approchait, mais j'ai refusé plusieurs invitations par orgueil. J'avais l'impression qu'on me lançait des os comme à un chien affamé. Il avait neigé et je regardais mes skis et mes chaussures de ski qui faisaient partie des biens qu'on m'avait rendus et m'attendaient dans un coin. J'étais tentée par l'idée d'aller à la montagne pour fuir tous les souvenirs associés à la ville.

Le soir de la Saint-Sylvestre, j'ai passé plusieurs heures à me réconforter comme d'habitude quand j'étais déprimée : dans un bain d'eau brûlante. À un moment, j'ai vu une souris émerger d'un trou dans le mur et s'avancer lentement vers moi sur le rebord. Elle était comme moi, paumée, incapable de savoir où aller. Nous nous sommes longuement dévisagées, jusqu'au moment, où elle est retournée dans son trou. Tout à coup, j'ai eu un sentiment de perte insupportable, j'ai bondi de la baignoire et j'ai fui l'appartement en décidant d'aller danser. Au lieu de quoi je me suis promenée dans les ruelles de la vieille ville en descendant vers le fleuve. J'ai longé le quai qui, au printemps et en été, était une sorte de chemin des amoureux, et où j'avais embrassé un garçon pour la première fois neuf ans plus tôt.

Je suis arrivée devant un renfoncement qui donnait sur une marche descendant vers l'eau et un gros anneau métallique pour amarrer les bateaux. Soudain m'est revenu en mémoire ce jour où, alors que j'avais 5 ans, je rentrais d'un cours de gymnastique avec Mademoiselle. Pour la première fois de ma vie, j'avais vu un noyé que l'on avait repêché du fleuve et attaché à l'amarre. Il devait être dans l'eau depuis longtemps, parce qu'il était entièrement vert, couvert de vase, et puait le poisson mort et le pourrissement. Je m'étais faufilée entre les jambes des badauds et j'avais fixé ce drôle d'épouvantail jusqu'à ce que ma gouvernante comprenne que ce n'était pas le spectacle le plus recommandable pour une fillette.

Le soir, j'avais fait un cauchemar dans lequel je confondais l'homme noyé et le Batelier, un personnage du folklore tchécoslovaque qui attire des jeunes filles innocentes au fond de l'eau. Les domestiques me menaçaient en me disant qu'il allait m'emporter si je n'étais pas sage. Vingt ans plus tard, l'image reprenait vie dans mon esprit. Le Batelier m'appelait par mon nom en me disant que l'eau était sombre et douce. J'étais tétanisée, contemplant mon fleuve adoré sur lequel dérivaient des blocs de glace. Je me souvenais qu'en hiver, je ne patinais pas très loin et qu'en été, j'adorais aller nager en face, de l'autre côté. L'eau devait être glaciale, mais elle était paisible, illuminée par les reflets des lampadaires qui dansaient à la surface comme des étoiles.

J'ai senti une main sur mon épaule. « Mademoiselle, m'apostropha un policier aux cheveux blancs, ce n'est pas un endroit idéal pour se promener seule à minuit. Il fait trop froid. Dites-moi où vous habitez, je vous raccompagne. » J'ai cru me réveiller d'un rêve et je me suis laissé faire, puis je me suis écroulée sur mon lit, épuisée.

Le lendemain était le 1er janvier 1946. Je me suis levée en pleine forme, j'ai préparé un sac, j'ai pris mes skis et j'ai sauté dans le premier train en direction de la montagne. Je suis arrivée en fin d'après-midi, et dès le lendemain j'ai pris une télécabine pour aller au sommet des pistes, en me demandant quel niveau j'aurais après six ans d'interruption.

La cime des montagnes était parée de ses plus beaux atours. Le ciel était entièrement dégagé, et les sapins étaient couverts d'une neige resplendissante, couleur de sucre. Il n'y avait pas âme qui vive, personne pour briser l'intimité entre l'univers et moi. J'admirais le miracle de la beauté qui s'offrait à moi et semblait créée pour m'accueillir au monde. Si Dieu existait, il était là, présent autour de moi, et je lui étais reconnaissante d'être vivante. J'ai fixé mes skis, j'ai sifflé l'air du dernier mouvement de ma symphonie préférée de Brahms, et j'ai descendu la colline en schuss.

*

Postface
par Helen Epstein

Au printemps 1946, Franci Solar a décidé de trouver un atelier, d'embaucher du personnel et de faire les démarches pour ouvrir un nouveau salon. Elle a écrit à son cousin Peter, qui était alors dans l'armée américaine, pour lui demander de lui envoyer des échantillons de tissus et les derniers numéros de *Vogue* et *Harper's Bazaar*. Elle comptait se reposer dans une station thermale en Slovaquie en août et ouvrir le salon en automne, mais en juillet, Franci lui a écrit pour lui annoncer qu'elle se mariait.

> « C'est allé très vite, une semaine […] Il s'appelle Kurt Epstein […] Il a quarante ans, il a une tête de plus que moi et il est très beau (c'est un sportif connu, un nageur, il est lié à la famille Petschek). Je le connais depuis que j'ai douze ans, parce que c'est lui qui nous entraînait au club de natation. Je le détestais parce qu'il était odieux avec nous, les adolescents. Je le prenais pour quelqu'un d'horrible et d'arrogant. Du jour au lendemain, je ne l'ai plus du tout trouvé odieux. »

Kurt Epstein faisait partie des mille hommes juifs déportés à Theresienstadt en décembre 1941. À l'époque où il était lieutenant de réserve dans l'armée tchécoslovaque, il avait été en garnison à Theresienstadt, si bien qu'on l'a tout de suite désigné pour être un des huit intendants du camp. Contrairement à Joe Solar, il luttait contre le marché noir ; il veillait à ce que la nourriture qu'il distribuait arrive effectivement dans la bouche des prisonniers à qui elle était destinée. Ses parents ont été déportés à Auschwitz dans le même transport que Franci et y sont morts. Et, comme Franci, il a été sélectionné par le Dr Mengele pour être envoyé dans un camp de travail forcé. Il est le seul de sa famille à avoir survécu.

« C'est un homme merveilleux, qui a un point de vue un peu vieux jeu sur les femmes, écrivait Franci à Peter en septembre, mais c'est une bonne chose parce qu'il se comporte avec une forme de respectabilité très rare chez les jeunes hommes. Il m'aime, mais il n'est pas aveugle à mes défauts. C'est l'antithèse de mon premier mari qui m'idolâtrait et me laissait faire plein de bêtises. Je finissais par détester sa faiblesse et j'ai perdu tout respect pour lui. Je ne pense pas que Kurt fera la même erreur, il aura toujours une certaine autorité. Je suis rassurée qu'il ait seize ans de plus que moi. Mes amies sont ravies pour moi. J'ai toujours été une "enfant terrible" et les gens qui me connaissent sont contents que j'aie trouvé quelqu'un qui me tienne tête.

En ce qui concerne les finances, Kurt gagne bien sa vie, mais je préfère avoir ma propre entreprise. Je ne pourrais pas me contenter d'avoir une maison à tenir. En plus, on ne sait jamais ce qui peut se passer, ce serait de la folie d'abandonner ma clientèle. Je serais horriblement malheureuse si je restais chez moi. Kurt a compris que j'ai trop d'énergie pour m'épanouir en dépoussiérant des meubles. »

Kitty avait beaucoup encouragé Franci à épouser Kurt, même si ce n'était pas son type d'homme. Mais elle avait des amis qui pensaient qu'elle commettait une erreur. Il était provincial, il s'endormait au concert, et il avait beau être excellent nageur, il n'avait jamais fait de ski. Plus tard, la meilleure amie de Franci, Helena, m'a avoué qu'elle pensait que Kurt serait un bon mari mais elle savait aussi que Franci n'était pas amoureuse de lui. Il ne parlait que le tchèque et n'était pas très débrouillard.

Ils se sont mariés le 21 décembre 1946 à l'hôtel de ville de Prague. Ils ont fait un emprunt en hypothéquant la maison des Epstein à Roudnice nad Labem pour acheter un appartement sur la place Venceslas. Franci a ouvert un salon au 20, place de la Vieille-Ville. Dans une lettre à Peter, elle lui annonçait qu'elle avait sept couturières, qu'elle avait prévu d'aller à Paris pour voir les collections et que Kurt travaillait pour l'entreprise d'un survivant où il avait un bon salaire. Il était entraîneur de l'équipe nationale de water-polo et membre du Comité national olympique.

Et… elle attendait un bébé.

« Mon cher oncle, écrivait Franci le 9 janvier 1948, je suis une maman gaga de son bébé [...] Helen aura évidemment une nurse, mais elle n'est pas encore arrivée et je fais tout moi-même. Pour l'instant, le nourrisson n'a pas besoin de grand-chose et personne ne peut l'allaiter à ma place. J'aurais besoin que les journées aient trente-six heures. Mais je découvre la maternité et j'ai décidé (évidemment avec son père) que nous aurons d'autres enfants [...] J'aime toujours aller au théâtre ou aller danser, mais chaque fois que je sors j'ai peur que ma petite fille chérie soit en train de pleurer. Heureusement que je la nourris, parce que la pénurie de lait est catastrophique. »

La Tchécoslovaquie démocratique est morte en janvier 1948. La pénurie de lait était due à une sécheresse, exacerbée par la politique économique des Soviétiques, qui avait provoqué une grave crise agricole. Le gouvernement de coalition était aussi en pleine crise. Le Parti communiste organisait des manifestations gigantesques jusqu'au jour où un envoyé soviétique débarqua à Prague. Le 25 février, le président Edvard Beneš nomma un gouvernement communiste.

Je n'ai pas trouvé de lettre à Peter dans laquelle mes parents lui annonceraient leur décision d'émigrer. D'après la légende familiale, Kurt aurait vu les milices armées défiler dans la rue. Il les aurait traitées de « nazis avec un uniforme de couleur différente » et se serait juré de ne pas répéter l'erreur de rester dans son pays. Franci ne voulait pas en entendre parler. Elle venait d'avoir 28 ans et d'ouvrir un nouveau salon, et elle avait un bébé de trois mois. Pour la première et dernière fois de sa vie, mon père l'a giflée.

Mais, le 10 mars, Franci n'eut plus de doutes quand elle apprit qu'on avait retrouvé le corps de Jan Masaryk, sur qui les démocrates portaient tous leurs espoirs, dans la cour, au pied du ministère des Affaires étrangères.

Du jour au lendemain, des milliers de Tchèques ont pris la fuite. Heureusement pour lui, Kurt Epstein avait déposé une demande de visa en rentrant des camps, dès 1945. En mars 1948, il était en France avec l'équipe nationale de water-polo et envoya un télégraphe à sa cousine, Franzi Petschek, à New York. Elle était mariée à un homme d'une famille de banquiers qui avait fait évacuer des parents et des employés dans un train spécialement affrété en septembre 1938. Les Epstein auraient pu fuir en prenant ce train, mais ils avaient préféré rester.

Mes parents ont quitté la Tchécoslovaquie le 21 juillet 1948 avec deux valises et un sac de voyage. Franci portait sur elle plusieurs épaisseurs de vêtements et avait emporté des couches, des photos des familles Rabinek et Epstein, et des figurines en porcelaine qui appartenaient à sa mère.

À toutes mes questions sur son arrivée à New York, elle me répétait inlassablement qu'il faisait plus de 37 degrés, que le vol avait duré vingt-six heures et que les instances de la Port Authority lui avaient pris huit dollars sur les dix qu'ils avaient le droit de sortir du pays. Les Petschek les installèrent à l'hôtel Continental, en face du planétarium, dans l'Upper West Side. Mais Franci ne m'a jamais fait part du moindre de ses sentiments.

L'amie de Franci, Helena Slavíčková, se doutait que la réputation de sportif de Kurt ne tiendrait pas s'ils émigraient et que Franci serait obligée de faire bouillir la marmite. Elle avait raison. Kurt Epstein ne parlait pas un mot d'anglais. Les Petschek ne recrutaient pas au sein de la famille. Et les rares piscines de Manhattan n'avaient pas besoin d'entraîneurs de water-polo.

Franci a alors demandé de l'aide à son obstétricien, le Dr Karel Steinbach, lui aussi émigré et qui était devenu le référent de la communauté tchèque de New York. Deux semaines plus tard, il avait une cliente pour elle : la soprano tchèque Jarmila Novotná, qui chantait au Metropolitan Opera et avait besoin d'une couturière. Comme il était interdit de travailler à l'hôtel Continental, Franci trouva un appartement bon marché dans un sous-sol, une machine à coudre, et elle recommença à zéro, une fois de plus.

Aux États-Unis, mes parents ont vécu dans la gêne pendant dix ans. Ma mère s'était désormais convaincue que leur nouveau cercle d'amis tchèques était beaucoup plus intéressant que celui de Prague. Elle avait aussi des problèmes de santé. Tour à tour épouse et mère, elle faisait vivre la famille, cuisinait et tenait la maison. La naissance de mon frère, Tommy, en 1951, a été difficile. Nous vivions dans la précarité. Mes parents jonglaient avec le loyer et les remboursements d'emprunt du salon en tâchant d'avoir un niveau de vie de classe moyenne. Eux qui avaient failli mourir de faim dans les camps tenaient à ce qu'on mange de la viande une fois par jour. Franci aimait aussi aller au théâtre et au concert. En 1956, elle fit une grave dépression nerveuse, soignée par un long traitement. Mon cousin, Peter, qui était ingénieur chimiste et gagnait bien sa vie, aidera mes parents à le financer.

Mon père, Kurt, a fini par parler suffisamment bien l'anglais pour travailler. C'était un excellent père, mais il ne savait pas cuire un œuf ni tenir une maison. Il était comme mon grand-père maternel, il aidait sa femme à tenir les comptes de son salon de couture. Avec le temps, il est devenu membre du Syndicat des ouvriers de la confection pour femmes, et il fut embauché comme tailleur dans un atelier du quartier de la confection de Manhattan. Mon second frère, David, naquit en 1960.

Dans les années 1950 et 1960, Franci correspondait avec ses « sœurs » : Kitty, qui vivait à Prague ; Margot, qui vivait à Jérusalem ; et d'autres, éparpillées en Israël, en Amérique du Nord et en Australie. Je me souviens en avoir vu plusieurs chez nous, dans le salon. En 1964, après avoir mené une longue bataille juridique, Franci avait touché de l'argent du gouvernement allemand à titre de réparation : elle en profita pour aller voir Kitty et Margot.

La première vivait dans un minuscule appartement au centre de Prague avec son mari et son fils. Peu importe la grisaille communiste, elle continuait à papillonner et suivait la mode des starlettes d'Hollywood, les cheveux teints en blond. C'était aussi la seule survivante de sa famille, et elle avait épousé un certain Kurt Egerer, lui aussi survivant. Elle était secrétaire multilingue – allemand, français et anglais – et travailla successivement pour une entreprise d'export et pour le grand-rabbin de Prague. Après la mort de son mari, elle vécut avec son amour de jeunesse protestant qui aimait la vie, comme elle. Elle évitait de parler de la guerre, me dit-elle quand je l'ai rencontrée à Prague. Ses cicatrices n'étaient pourtant pas seulement celles des boutons dont elle avait souffert à Hambourg.

Margot, qui vivait avec mes parents au-dessus de la place Venceslas à l'époque de ma naissance, avait des difficultés différentes. Elle était rentrée à Prague avec un colonel tchèque emprisonné comme elle à Mauthausen. Malheureusement, c'était une ancienne citoyenne allemande, et les Allemands n'étaient pas bienvenus en Tchécoslovaquie. En 1949, elle émigra dans le nouvel État d'Israël, où elle rencontra un survivant originaire de Berlin nommé Bier. Tous deux vécurent dans une vieille maison arabe construite sur le terrain d'un couvent français à Ein Karem, près de Jérusalem. Bier était à la fois homme à tout faire pour les religieuses et chauffeur du directeur du musée d'Israël. Margot a travaillé plusieurs années pour une boutique de vêtements et n'a pas eu d'enfants, mais elle fut une vraie mère pour moi quand j'étais étudiante à Jérusalem. C'est à cette époque qu'elle m'a parlé de sa relation avec ma mère pendant la guerre.

Les survivantes juives tchèques étaient liées par une solidarité féminine très forte. Toute leur vie, elles ont échangé des nouvelles et partagé des souvenirs de guerre – qui avait fait quoi à qui et ce que cela signifiait dans le contexte de l'après-guerre. En 1961, elles commentaient entre elles le procès d'Eichmann retransmis à la télévision. Évidemment, elles parlaient aussi de livres et épiloguaient sur tous les films consacrés à la Seconde Guerre mondiale : *Nuit et Brouillard* (1956) ;

Jugement à Nuremberg (1961) ; *Le Prêteur sur gages* (1964) ou *Le Miroir aux alouettes* (1965).

Franci était sans doute la meilleure lectrice de toutes. Elle avait été scolarisée dans des écoles française, allemande et anglaise à Prague et connaissait les classiques des trois langues. Elle aimait aussi les écrivains russes, notamment Vladimir Nabokov. Tous les dimanches, elle lisait la *New York Times Book Review*, et elle commandait tout ce qui l'intéressait à la New York Public Library. Primo Levi était l'écrivain-survivant qu'elle admirait le plus.

Je ne sais pas si elle a lu Olga Lengyel, Gisella Perl et Vladka Meed, trois survivantes qui ont publié leur témoignage à la fin des années 1940, mais je me souviens qu'elle a acheté les mémoires de Zdena Berger, *Tell Me Another Morning*, en 1961. En 1964, la *Times Book Review* a publié une critique du roman d'Ilse Aichinger, *Un plus grand espoir*, fondé sur ses souvenirs de femme à moitié juive, à Vienne, pendant la guerre. Franci a reconnu les personnages et compris que sa cousine Ilse était désormais une écrivaine autrichienne célèbre. Elle a repris contact avec la branche viennoise des Rabinek, dispersée dans le monde entier, laquelle pensait que Franci avait été tuée pendant la guerre.

Je ne sais pas non plus quand exactement ma mère a décidé d'écrire ses mémoires. Elle n'avait peut-être pas oublié le carnet de lettres à sa mère commencé à Neugraben et qu'elle avait été obligée de brûler. Au milieu des années 1950, il lui fallut revenir sur son expérience des camps lors d'un entretien avec un médecin allemand qui devait évaluer ses blessures de guerre en vue d'une réparation financière, puis avec un psychanalyste juif américain. En février 1974, elle témoigna par séquences chronologiques pour un projet d'histoire orale baptisé « William E. Wiener Oral History Holocaust Survivors », qui comprend deux cents témoignages en tout. Franci allait bientôt avoir 54 ans.

J'imagine qu'elle a alors décidé de terminer ses mémoires pour authentifier son expérience. Au début, elle les avait intitulés *Roundtrip* (« Aller-retour »), référence à ses déplacements successifs de Prague à Theresienstadt, Auschwitz, Hambourg et Bergen-Belsen, puis retour à Celle et à Prague. Dans une préface qu'elle avait appelée « Explication », elle écrivait :

> « Pourquoi je me sens obligée d'ajouter ma voix au chœur des chiffres, des rapports savants, des études psychologiques, des fictions et des drames plus ou moins heureux déjà écrits ? Je n'ai pas de réponse unique à apporter. Mes enfants et leur génération, qui ont l'air aussi troublés que moi au même âge, sont sans doute mes principaux destinataires. Ils semblent exaspérés par le statu quo et trouvent une échappatoire dans la drogue. Ma fille m'a évidemment posé des questions quand elle a vu mon tatouage sur mon bras et elle a continué, sans doute à cause du processus d'identification naturelle d'une fille à sa mère. En revanche, mes fils n'ont jamais manifesté beaucoup d'intérêt pour le sujet, visiblement mal à l'aise ou s'ennuyant dès qu'on en parlait.
>
> Les enfants ont tendance à ignorer la vie intérieure de leurs parents, et je n'ai pas de fortune à léguer aux miens. Tout ce que je peux faire, c'est essayer de leur

donner une image digne et fidèle de moi quand j'étais jeune et de la façon dont j'ai affronté les grandes énigmes de la vie. Peut-être auront-ils ainsi une idée de la variété de l'animal humain et de son comportement souvent déroutant, sans compter la force corruptrice du pouvoir quand il est aux mains d'une poignée d'individus qui l'ont usurpé avec l'aide d'une population indifférente, intimidée et insatisfaite.

Le facteur décisif a été un voyage au Colorado où je suis allée voir des amis dont les ancêtres s'étaient installés dans l'Ouest. Je me suis retrouvée au milieu de jeunes qui n'avaient aucune idée de ce qu'avaient vécu les gens comme moi. La plupart avaient fait de l'histoire à l'université et se souvenaient de la violence stupéfiante de la Seconde Guerre mondiale. Ils étaient très désinhibés par rapport à leurs parents et grands-parents, et m'ont assaillie de questions sur la façon dont j'avais vécu la guerre de l'intérieur.

Grâce à eux, j'ai compris que cette génération voulait savoir ce qui nous était arrivé, sans doute pour le relier à leur propre expérience. Ils étaient comme mes enfants, ils essayaient de trouver leur *raison d'être* dans un monde où l'injustice, la violence et l'oppression continuent de sévir. Ils étaient engagés dans différents mouvements politiques, militaient en faveur de la désobéissance civile ou fuyaient hors de la réalité. Je me suis dit que si mes contemporains, en particulier en Allemagne, avaient exprimé leurs doutes et leurs opinions avec plus d'intelligence et de force, on aurait peut-être échappé à la terreur et à l'anéantissement de masse de l'époque hitlérienne. »

En 1973 et 1974, sans doute à l'heure où Franci mettait la dernière main à ses mémoires, l'Allemagne était séparée par le mur de Berlin. Le président Richard Nixon s'enlisait dans le scandale du Watergate. La lutte en faveur des droits civiques, la guerre du Vietnam et le mouvement des femmes divisaient profondément l'Amérique. En Israël, la guerre de Kippour (1973) posait de nouveau la question de la survie des Juifs (et celle de Margot). Je me souviens que Franci et ses clientes en parlaient pendant les essayages. Certaines étaient des réfugiées qui avaient un passé aussi douloureux. D'autres étaient des Américaines qui avaient peu de liens avec l'Europe ou les Juifs.

Franci était la confidente de ses clientes et vice versa, comme à Prague. Toutes savaient qu'elle avait été emprisonnée dans les camps. Certaines évitaient d'aborder le sujet, mais personne ne pouvait ignorer le tatouage d'Auschwitz sur son avant-bras. Sa cliente préférée, Marya Mannes, une journaliste qui avait évoqué Franci dans un de ses livres, l'a sans doute encouragée à écrire. En 1975, Cyrilly Abels, agent littéraire et cliente de ma mère, a envoyé le manuscrit à des éditeurs. Ils l'ont tous refusé.

Au milieu des années 1970, de nombreux Juifs américains – dont les éditeurs que Cyrilly avait contactés – cherchaient à prendre leurs distances avec les victimes des camps de concentration. Les cours universitaires consacrés à l'Holocauste et les mémoriaux n'avaient pas encore essaimé. Il a fallu attendre 1978 pour que le terme « Holocauste » soit vulgarisé par les séries télévisées. Le musée du Mémorial de l'Holocauste est devenu le musée le plus visité de Washington, mais il n'a ouvert ses portes qu'en 1993. La deuxième vague du féminisme américain commençait, il y avait plusieurs femmes juives parmi ses porte-parole, mais le mouvement n'avait guère atteint la communauté juive.

La Guerre de Franci est un récit très en avance sur son temps à cause de son contenu, de sa langue et de son ton. Si je mets à part le journal d'Anne Frank, la littérature américaine de l'Holocauste fut longtemps dominée par les hommes, en particulier par Elie Wiesel – archétype et représentant des milliers de victimes qu'on allait appeler « survivants ». Ces écrivains parlaient rarement de la vie des femmes pendant l'Holocauste. William Styron, qui n'était pas juif, a publié *Le Choix de Sophie* en 1979, mais le personnage central est un Polonais non juif survivant. En Israël, en grande partie à cause des romans sensationnalistes de Yehiel De-Nur (qui a écrit sous le pseudonyme Ka-Tzetnik, abréviation hébreue de « prisonnier de camp de concentration »), les survivants étaient considérés comme des « biens avariés ». L'auteure tchèque-israélienne Dita Krauss, ancienne compagne de route de Franci, m'a avoué que même David Ben Gourion aurait dit : « Tous les hommes qui ont survécu étaient des kapos, et toutes les femmes, des prostituées. »

Franci met surtout l'accent sur les femmes. Par ailleurs, elle a le point de vue d'une Juive de Prague complètement assimilée et d'une citoyenne tchèque, fière de l'être. Ni ses parents ni elle n'étaient pratiquants. Elle ne parlait pas le yiddish. Elle évoque la vie sexuelle très simplement, sans passion, y compris l'homosexualité et le troc sexuel. Elle savait pourtant que, dans les années 1970, cela pouvait nuire, voire mettre en danger les femmes en question puisqu'elles étaient encore en vie, même si elle avait changé leurs noms.

Les écrivains ont tendance à confondre rejet de leur manuscrit et rejet de leur personne. Franci ne faisait pas exception. Elle a été blessée que son texte soit refusé : elle pensait que ce qu'elle avait vécu n'intéressait pas les autres. Elle me l'a donné en me disant que je pouvais en faire ce que je voulais. Après tout, l'écrivain professionnel de la famille, c'était moi.

En 1975, j'avais envie de tout sauf de ça. J'avais vécu toute ma vie avec ses souvenirs. C'était son histoire, pas la mienne. Je n'avais pas loin de 30 ans, mais je n'étais pas très rebelle et je vivais plus ou moins chez mes parents. J'étais en train d'écrire mon propre livre, *Children of the Holocaust* (*Le Traumatisme en héritage*, traduit par Cécile Nelson, Folio Essais), en tâchant de distinguer ce qui m'appartenait de ce qui lui appartenait. L'ouvrage, qui porte sur la transmission intergénérationnelle, le traumatisme et la résilience, a été publié en 1979. Ce fut un moment difficile pour nous deux, mais nous n'en avons jamais parlé de façon explicite. Elle était fière de moi parce que c'était mon premier livre et elle a bien voulu participer à la promotion, avec cette impression cependant que ce qu'elle avait vécu était négligé. Peu à peu, elle a accepté de parler de son expérience de la guerre au cours de réunions locales, mais elle n'a jamais recherché à faire publier ses mémoires, pas plus que moi.

Au printemps 1989, elle a eu une rupture d'anévrisme, elle est tombée dans le coma et elle est morte sans pouvoir reparler à ses enfants. J'ai passé les sept années suivantes, sans doute à titre de deuil, à faire des recherches sur son histoire et celle de sa famille maternelle pour un livre intitulé *Where She Came From: A Daughter's Search for Her Mother's History* (*D'où vient-elle ? Une fille à la recherche de l'histoire de sa mère*, traduit par Cécile Nelson, La Cause des Livres). L'ouvrage qui raconte la vie de trois générations de couturières en Europe centrale s'appuyait sur les mémoires de Franci dans la Seconde Guerre mondiale. En 1997, une fois le livre fini, j'ai rangé le manuscrit avec mes dossiers et j'ai continué mes recherches.

On m'a souvent demandé de participer à la traduction et à l'écriture des mémoires de survivants. Lorsque le sujet m'intéressait vraiment, j'acceptais. J'ai à nouveau traduit du tchèque, avec l'auteure, les mémoires d'Heda Margolius Kovály, *Le Premier Printemps de Prague*. J'ai traduit une partie des mémoires de la comédienne Vlastá Schönová, *Acting in Theresienstadt*, et j'ai travaillé avec Paul Ornstein sur *Looking Back: Memoirs of a Psychoanalyst*. J'ai également rédigé des introductions aux livres de deux survivantes canadiennes. J'ai reçu tellement de manuscrits sur l'Holocauste à lire que j'ai dû en refuser la plupart pour pouvoir écrire.

Il y a vingt ans que je suis le travail des universitaires influencés par les études féministes qui s'intéressent à l'histoire des femmes pendant la Seconde Guerre mondiale. En 2017, un ami m'a signalé l'existence d'un témoignage vidéo que ma mère avait enregistré en 1985 pour les archives Fortunoff de l'université Yale. Ni mes frères ni moi n'étions au courant, et nous leur en avons demandé une copie. En octobre 2017, le *New York Times* et le *New Yorker* ont publié des articles sur les abus sexuels de Harvey Weinstein, et le mouvement #MeToo est né. J'ai revu le témoignage filmé de Franci, j'ai relu son texte et j'ai compris que ce serait une source intéressante pour les historiens. Plusieurs personnes dont elle parle sont devenues célèbres ou tristement célèbres dans les années 1970 ; certaines ont même une notice sur Wikipédia. Je pense notamment à Josef Mengele, mais aussi à la compagne de cellule de Franci à Pankrác, Marianne Golz, à Lotte Winter (Sylva), et à Anneliese Kohlmann (Bubi). Spiess, le nazi qui l'a obligée à brûler ses lettres, a été condamné pour crimes de guerre par les Britanniques ; son vrai nom était Wilhelm-Friedrich Kliem.

J'ai évidemment discuté avec mes deux frères avant de publier le texte de Franci. Elle voulait que son livre paraisse pour le soixante-quinzième anniversaire de la libération des camps. Nous avons décidé que je ferais un travail d'édition minimal avant de le proposer à des éditeurs en Europe, en Israël, au Royaume-Uni et aux États-Unis. Elle serait heureuse de savoir que ses mémoires ont été publiées par Ikar, un grand éditeur slovaque, et Mladá Fronta, un éditeur tchèque tout aussi important.

Rien dans le livre ne m'a vraiment surprise, ni les relations hétérosexuelles et homosexuelles, ni le chantage sexuel. J'en avais déjà entendu parler et j'avais rencontré plusieurs témoins, dont certains – Kitty, Margot et Peter – étaient très proches de ma mère. Contrairement à de nombreux survivants, Franci n'a jamais rien caché, au contraire. Je pense qu'elle m'en a trop dit, trop tôt. Mon frère, Tommy, a refusé d'apprendre le tchèque et d'écouter les récits des survivants qui venaient chez nous. J'ai décidé de les entendre en adoptant la même méthode de dissociation qu'elle. Je saisissais les paroles, mais je refusais d'en comprendre le sens.

Il a fallu que je fasse dix ans de psychothérapie et que j'écrive mes propres mémoires pour que je puisse aborder celles de Franci. J'avais grandi dans la crainte de ma mère, une femme à la fois brillante, candide et pragmatique. J'étais impressionnée par ce qu'elle avait vécu et par les leçons qu'elle en avait tirées. Elle qui avait dû quitter deux excellents lycées de Prague (un gymnasium allemand et un lycée français), elle qualifiait souvent les camps d'« université », où elle aurait bénéficié d'un cours exceptionnel sur le comportement humain.

Elle écrivait ainsi dans son « Explication » :

> « Un jour, un médecin américain avec qui je parlais des dégâts irréparables sur mon système nerveux m'a demandé si je détestais les Allemands.
>
> Je ne les déteste pas, parce que la haine est un sentiment vain, qui conduit à la haine de soi. Les gens qui sont nés après 1930 ne sont pas les responsables de ce que leurs parents nous ont fait, à ma famille et à moi, mais les Allemands plus âgés me mettent mal

à l'aise. J'ai l'impression qu'ils ont le sang de mes camarades morts sur les mains.

J'en veux beaucoup aux anciens nazis qui écrivent des livres et attirent l'attention sur eux.

Je n'aime pas les sommes minables que le régime accorde aux victimes à titre de réhabilitation. Elles émanent de tribunaux où l'accusé est devenu le juge et pâtissent d'une bureaucratie qui laisse en suspens des milliers de cas, comme s'il fallait que les victimes meurent pour qu'on réponde à leurs demandes. Les dédommagements accordés à l'État d'Israël témoignent d'une volonté de réparation, mais jamais ils ne compenseront, même partiellement, les dégâts matériels et psychologiques dévastateurs infligés aux victimes. J'ai beau essayer, je n'arrive pas à admirer la noblesse ni le sens de la justice des Allemands qui s'occupent de la question.

J'éprouve une sorte d'indifférence mêlée de pitié pour mes contemporains allemands et leurs aînés. Comment le père d'un Allemand ou d'une Allemande peut-il répondre aux questions de son enfant ? Peut-il s'asseoir et raconter honnêtement ce qu'il a fait à l'ère nazie sans que ses oreilles ne s'enflamment ? Où étaient les voix de l'intelligentsia, des artistes et des humanistes de l'âge d'or culturel allemand ? Comment se fait-il qu'il soit si difficile de trouver un Allemand qui admette avoir été membre de la SS ou du parti nazi ? Les projets criminels des dirigeants nazis auraient-ils pu être réalisés sans la coopération, du moins l'approbation tacite, de la grande majorité de la population ? Le procès d'Adolf Eichmann et les jugements de Nuremberg ne me procurent aucune satisfaction ; je n'ai pas le sentiment d'avoir été vengée ; ils me laissent un arrière-goût de futilité amer, même s'ils ont été nécessaires.

Je me fiche de savoir que le pays est divisé et que les familles sont séparées entre Est et Ouest. Jamais je ne verserai de larmes de crocodile sur leur sort.

Quelle ironie que l'Allemagne de l'Ouest soit aujourd'hui économiquement plus forte que l'Angleterre, cette dernière ayant résisté seule pendant si longtemps. À cette époque, l'Allemagne était courtisée par les Alliés qui cherchaient à s'opposer au bloc communiste.

Tout cela suscite en moi, non pas de la haine, mais de la curiosité. Je me demande s'il existe une nouvelle Allemagne. Si oui, est-ce qu'elle saurait résister à une quelconque hystérie collective en faveur d'un Führer, au cas où un fou se présentait après une crise économique et que les gens auraient à nouveau besoin d'un bouc émissaire ? La nature humaine est telle que le drame peut se reproduire sous une forme différente, dans différentes circonstances et n'importe où dans le monde, et cette idée m'angoisse au plus haut point. »

Un mot sur l'édition du texte

L'édition du manuscrit de *La Guerre de Franci* posa plusieurs problèmes. Mes frères et moi pensions que Franci avait écrit certaines parties à la main avant 1974. Or, après sa mort, en 1989, nous n'avons trouvé aucune page manuscrite. Elle avait saisi tout le texte sur une machine dont le clavier était anglais, en utilisant le papier à lettres très fin qu'elle réservait à sa correspondance. Son testament ne mentionnait rien de particulier pour ses mémoires.

Le tapuscrit était corrigé à la main et biffé avec des X tapés à la machine. Mais il y avait des fautes de grammaire et d'orthographe (Osceczecin au lieu de Oświęcim, *Sturmbandführer* au lieu de *Sturmbannführer*), des erreurs de typo, des mots qui manquaient, des phrases sans fin et des paragraphes très longs. Le récit n'avait pas de chapitres, et la ponctuation était incohérente. Je me suis permis de faire des corrections et de le diviser en chapitres. La deuxième page du tapuscrit était manquante, du coup j'ai déplacé l'histoire de la famille Rabinek un peu plus loin.

Franci avait mis les citations, et les extraits de dialogue et de lettres entre guillemets, mais pas toujours.

Bizarrement, elle avait traduit toute une lettre d'amour (de l'italien !) [p. 138-140].

Si le texte avait été publié dans les années 1970, elle aurait pu corriger ses erreurs et discuter des partis pris narratifs et de son titre ironique, *Roundtrip*, avec l'éditeur. Hélas, elle est morte trop tôt.

Mes frères et moi, nous étions sûrs qu'elle voulait publier son texte ; en revanche, nous hésitions sur certains points, notamment sur son nom. Elle avait signé Frances Epstein, mais en 2020 elle aurait sans doute signé Frances Rabinek Epstein, d'autant plus qu'à Prague la *Stolperstein* (pierre gravée au nom de victimes) de sa famille porte ce nom.

Sa préface était trop datée. J'ai préféré en citer des parties dans la postface, plutôt que de glisser ma voix dans la sienne. De façon générale, nous avons fait le moins possible de corrections.

Les dates étaient relativement faciles à vérifier et à rectifier, mais les noms l'étaient moins. Franci a gardé les prénoms de ses cousins, Kitty, Peter et Vava, mais elle a utilisé des pseudos pour les autres – sans doute pour protéger ses sœurs de détention et leurs proches. J'ai ajouté un astérisque aux pseudonymes que j'ai reconnus, mais je laisse aux historiens le soin de les identifier. Elle avait aussi choisi le pseudonyme « Buchwald » pour le camp de travail de Neugraben, qui était un des quatre-vingt-cinq sous-camps de Neuengamme. Le camp de « Buchwald » n'a jamais existé, mais il n'est pas très difficile de comprendre pourquoi elle a choisi cette appellation.

Autre référence intrigante : « Ilse Koch », la commandante d'Auschwitz qui inspecte les prisonnières tchèques avant qu'on les envoie à Neuengamme. Je suis sûre que ma mère savait que la femme qu'elle avait vue à Auschwitz n'était pas Ilse Koch (qu'on appelait « la chienne de Buchenwald »). Elle a peut-être utilisé ce nom au sens figuré, ou alors elle confondait avec Irma Grese, autre commandante sadique d'Auschwitz. Finalement, j'ai préféré éliminer le nom « Ilse Koch ».

J'intervenais quarante-cinq ans après l'époque où ma mère écrivait, et Internet m'a permis de vérifier beaucoup de choses qu'elle ne pouvait pas contrôler.

En mars 1993, Gunter Buck, professeur à Hambourg, m'a contactée. Il effectuait des recherches sur un camp de travail qui se trouvait à côté de chez lui quand il avait appris par un reporter israélien que Franci y avait été détenue et que sa fille avait écrit sur elle. Je l'ai autorisé à citer des passages de mon livre, *Le Traumatisme en héritage*. Inversement, il m'a donné de nouvelles informations sur la détention de ma mère à Neuengamme, qui m'ont permis d'écrire *D'où vient-elle ? Une fille à la recherche de l'histoire de sa mère*. Il avait identifié Spiess : il s'agissait de Wilhelm-Friedrich Kliem, né en 1896, un menuisier successivement enrôlé dans la Wehrmacht, gardien à Auschwitz et commandant du camp de Neugraben. En 1946, il a été jugé pour crimes de guerre par un tribunal britannique à Hambourg et condamné à quinze ans de prison.

Alyn Beßmann, archiviste du mémorial de Neuengamme, m'a envoyé une copie de la carte d'enregistrement de Franci à Neugraben. Ce qui m'a permis de remplacer « Buchwald » par Neugraben.

En 2018, Ronnie Golz, qui avait découvert que Franci et Marianne Golz s'étaient connues à Pankrác en 1939 dans *D'où vient-elle ? Une fille à la recherche de l'histoire de sa mère*, m'a envoyé des photos ainsi que l'adresse de son site. Marianne (1895-1943) était la première femme de son père.

À l'époque où je préparais la publication de *La Guerre de Franci,* j'étais en contact avec le groupe Facebook du Jewish Genealogy Portal, qui m'a fourni de la documentation sur la tante de Franci, Hella (Helena Sachsel, 1883-1944), sur la petite Gisa (Gisela Kauffman, 1932-1944) et sur la colonel M. (Margaret Emmeline Montgomery, 1901-1993), belle-sœur du maréchal Bernard Montgomery, dont se souvenaient avec émotion au moins trois survivantes, sans compter Franci.

Mes frères et moi avons la chance d'avoir des photos de famille qui datent d'avant la guerre, alors que beaucoup de descendants de survivants n'en ont pas. Celles-ci ont été conservées par les clientes du salon Weigert à Prague pendant l'Occupation. Après la Révolution de velours de novembre 1989 (que Franci n'aura pas connue), j'ai trouvé de nouvelles photos et de nouveaux documents au Musée juif et au musée des Arts décoratifs de Prague, ainsi qu'au mémorial de Theresienstadt. Franci avait également des photos prises par les Britanniques l'été 1945, quand Kitty et elle étaient interprètes pour l'armée britannique. Enfin, son cousin, Peter Scott, avait conservé son télégramme daté de 1945, de même que les lettres qu'elle lui a écrites après la guerre, et il m'a tout donné en 2015.

Helen Epstein
Lexington, Massachusetts

Remerciements

La publication de *La Guerre de Franci* a bénéficié de l'aide de nombreux membres de la famille, amis et collègues. Je dois beaucoup à l'enthousiasme original et aux encouragements des chercheurs Michael Berenbaum, Atina Grossmann et Betsy Anthony aux États-Unis ; à Zoë Waxman au Royaume-Uni ; à Kateřina Čapková et Arno Pařik en République tchécoslovaque ; et à Gunter Buck et Alyn Beßmann au mémorial de Neuengamme, à Hambourg.

Elisabeth Benjamin, Jean Hearst, Susan Kahn, Irena Klepfisz, Susan Hecker Ray, Rochelle Rubinstein, Sandy Fong-Ging, Joelle et Leon Gunther, Ilse Browner et Tom Manoff m'ont apporté un soutien fondamental dès le début. Dita Kraus, la sœur de déportation de Franci qui l'a accompagnée de Theresienstadt à Celle et a écrit ses propres mémoires, a eu la gentillesse de relire et de corriger celles de Franci.

Pour la documentation, je remercie mes frères, Tom et David Epstein ; notre cousin, Karel Ehrlich ; et les membres du groupe Facebook Jewish Genealogy

Portal, en particulier Kaye Prince Hollenberg et Doron Leitner, qui ont identifié la fille « adoptive » de Franci, Gisa Kauffman.

Je remercie mes agents infatigables et inventifs : Kristin Olson à Prague, qui a défendu le manuscrit auprès des éditeurs tchèques et slovaques, et Carolyn Savarese à Boston, qui l'a soumis à Penguin aux États-Unis et à Michael Joseph au Royaume-Uni.

Mon mari, Patrick Mehr, qui adorait sa belle-mère, a suivi de près chaque étape, du manuscrit au livre imprimé. Il n'a jamais douté de sa valeur. Je dois aussi beaucoup à Helen Fremont, qui m'a aidée à travailler sur le texte.

Enfin, je remercie chaleureusement toute la petite bande professionnelle de Penguin qui a fait du travail éditorial un vrai plaisir : Kathryn Court, Victoria Savanh, Bennett Petrone, Bel Banta, Kate Hudkins et tous ceux que je n'ai pas rencontrés, mais qui ont contribué à la réalisation de ce livre. Les lecteurs qui voudraient lire et entendre Franci peuvent demander à avoir accès au témoignage qu'elle a enregistré pour Fortunoff Video Archive, à l'université Yale.

Annexes

Chronologie

28 octobre 1918 : Création de la première République tchèque après l'effondrement de l'Empire austro-hongrois.

11 novembre 1918 : Armistice signant la fin de la Première Guerre mondiale.

26 février 1920 : Naissance de Franci à Prague, de Josefa et Emil Rabinek.

30 janvier 1933 : Adolf Hitler est nommé chancelier d'Allemagne ; les premiers camps de concentration allemands sont créés en mars.

12 mars 1938 : L'Allemagne annexe l'Autriche : c'est ce qu'on appelle l'« Anschluss ».

30 septembre 1938 : L'accord de Munich autorise Hitler à annexer les Sudètes, une région de Tchécoslovaquie dont la population est essentiellement d'origine allemande.

15 mars 1939 : Hitler entre à Prague et annexe le reste de la Bohême et la Moravie. Il nomme Konstantin von Neurath *Reichsprotektor*. Il abolit très vite les partis

et les syndicats tchèques, et crée les lois raciales de Nuremberg pour les Juifs.

Juin 1939 : Arrestation des Rabinek par la Gestapo. Ils passent deux semaines en détention dans la prison de Pankrác.

1er septembre 1939 : L'Allemagne envahit la Pologne. La Seconde Guerre mondiale est déclarée.

Avril-juin 1940 : L'Allemagne envahit le Danemark, la Hollande, la Belgique et la France.

Août 1940 : Franci Rabinek épouse Joe Solar.

Juin 1941 : L'Allemagne envahit l'Union soviétique.

Septembre 1941 : Les Juifs tchèques ont ordre de porter une étoile jaune.

Septembre 1941 : Hitler nomme Reinhard Heydrich *Reichsprotektor* à la place de Konstantin von Neurath.

16 octobre 1941 : Première déportation de Juifs tchèques à Łodz.

24 novembre 1941 : Première déportation d'hommes juifs tchèques, transformation de la garnison militaire de Theresienstadt en camp de concentration.

27 mai 1942 : Opération Anthropoid – des résistants tchèques et slovaques assassinent Heydrich.

10 juin 1942 : Hitler ordonne des représailles à l'assassinat d'Heydrich. Les villages de Lidice et Ležáky sont visés ; 1 300 Tchèques, dont 200 femmes, sont massacrés.

Août 1942 : Joe Solar est déporté à Theresienstadt et travaille sur le chantier de l'extension ferroviaire reliant le camp à la gare de Bohušovice.

Septembre 1942 : Les Rabinek sont déportés à Theresienstadt. Franci y reste, mais ses parents sont envoyés à Maly Trostenets, aujourd'hui en Biélorussie, où ils sont fusillés.

6 septembre 1943 : 5 007 Juifs sont déportés de Theresienstadt à Auschwitz I-Birkenau. Tous sont tatoués et enregistrés dans le camp familial tchèque.

Décembre 1943 : Kitty est déportée dans le camp familial tchèque d'Auschwitz-Birkenau.

Mars 1944 : Joe Solar est arrêté et emprisonné dans la Petite Forteresse, la prison de la Gestapo à Theresienstadt.

8 au 9 mars 1944 : 3 700 prisonniers du camp familial tchèque sont gazés à Auschwitz.

Mai 1944 : Franci Solar est déportée à Auschwitz-Birkenau dans un immense transport destiné à réduire la population de Theresienstadt avant une visite de la Croix-Rouge.

14 et 16 juillet 1944 : Franci, Kitty et un groupe de 500 femmes essentiellement tchèques sont déportées d'Auschwitz à Dessauer Ufer, à Hambourg.

20 juillet 1944 : Tentative de coup d'État contre Hitler.

Septembre 1944 : Le groupe de Franci est déplacé à Neugraben, où Franci travaille comme électricienne.

27 janvier 1945 : Libération d'Auschwitz par l'armée russe.

3 février 1945 : Attaques aériennes américaines de Berlin.

Février 1945 : Le groupe de Franci est déplacé de Neugraben à Tiefstack.

13 au 15 février 1945 : Les Alliés bombardent Dresde. Hambourg est soumis à une stratégie de bombardements intensifs de la part des Alliés de 1943 à 1945.

5 avril 1945 : Le groupe de Franci est transféré à Bergen-Belsen.

15 avril 1945 : L'armée britannique libère Bergen-Belsen. Franci et Kitty sont emmenées à Celle une semaine plus tard.

30 avril 1945 : Adolf Hitler se suicide pendant la bataille de Berlin.

4 mai 1945 : L'armée du général George S. Patton entre en Tchécoslovaquie. Patton et le Premier ministre britannique, Winston Churchill, plaident en faveur de la libération de Prague par les Alliés, mais le commandant suprême des Alliés en Europe, le général Dwight D. Eisenhower, accepte la demande de Staline qui veut que ce soit l'armée soviétique qui libère la ville.

5 et 6 mai 1945 : Soulèvement de Prague organisé par la Résistance tchécoslovaque. La Luftwaffe bombarde la capitale.

8 mai 1945 : Victoire des Alliés, qui acceptent la capitulation sans condition de l'Allemagne.

Août 1945 : Franci et Kitty quittent Celle et rentrent à Prague.

Note sur les camps de concentration

Terezín (en tchèque) ou Theresienstadt (en allemand) était une ancienne ville de garnison située à 60 kilomètres au nord-ouest de Prague, que les nazis ont transformée à la fois en point de rassemblement, en camp de transit et en ghetto en novembre 1941. 148 000 Juifs environ y ont été déportés, dont la plupart venaient de Bohême, de Moravie et d'Allemagne, mais aussi d'Autriche, des Pays-Bas, de Slovaquie, de Hongrie et du Danemark. La majorité ont été déportés dans des camps d'extermination. Plus de 33 000 personnes sont mortes de maladie et/ou de malnutrition à Theresienstadt. Il y avait parmi les prisonniers certains des plus grands artistes, philosophes, rabbins, écrivains, musiciens et éducateurs juifs d'Europe centrale. Le camp était contrôlé par la SS, gardé par des gendarmes tchèques et administré par des Juifs obligés de mettre en œuvre la politique nazie. La vie culturelle de ce que la propagande nazie présentait comme un « ghetto modèle » était exceptionnelle, et les enfants y étaient scolarisés. Le 23 juin 1944, après un simulacre de restauration, une équipe de la Croix-Rouge internationale a été invitée à inspecter le camp et a cru au subterfuge. Le rapport de la Croix-Rouge a contribué à discréditer les témoignages de prisonniers de Theresienstadt et d'autres camps de concentration. Theresienstadt a été libéré par l'armée soviétique en mai 1945.

*

Le camp familial tchèque, connu sous le nom de BIIb, était un sous-camp d'Auschwitz-Birkenau. Le 6 septembre 1943, 5 007 Juifs de Theresienstadt ont été transférés à Auschwitz-Birkenau, tatoués, enregistrés, enfermés derrière des clôtures barbelées électrifiées, mais pas rasés. Ils avaient le droit de garder leurs vêtements et leurs enfants, logés dans un baraquement à part. Leurs papiers indiquaient « traitement spécial » et « six mois ». Le taux de mortalité était aussi important que dans le reste d'Auschwitz, mais, comme à Theresienstadt, les enfants avaient droit à une nourriture de qualité un peu meilleure et étaient scolarisés. Au bout de six mois, les gens qui étaient arrivés en septembre 1943 et toujours vivants ont été tués. Ils sont entrés dans la chambre à gaz en chantant l'hymne national tchécoslovaque, *Kde domov můj* (« Où est ma partie ? »), l'hymne national juif, *Hatikvah* (« L'Espoir »), et *L'Internationale*.

En décembre 1943 et mai 1944 (date du transport de Franci), 12 500 prisonniers ont été transférés dans des wagons de marchandise de Theresienstadt à Auschwitz-Birkenau. Début juillet 1944, un certain nombre de détenus (dont le groupe de Franci) ont été sélectionnés et envoyés dans des camps de travail. Les autres (7 000 environ) ont été gazés. L'élimination des détenus du camp familial tchèque en mars et juillet 1944 est le plus grand massacre de masse de citoyens tchèques de la Seconde Guerre mondiale. Sur les 17 500 détenus du camp familial tchèque, seuls 1 294 ont survécu. Dont Franci et Kitty.

*

Dessauer Ufer faisait partie du réseau de camps de concentration de Neuengamme, situé en Allemagne du Nord. Il comprenait un camp principal et plus de 85 camps satellites. Plusieurs dizaines de milliers de personnes venues de toute l'Europe occupée y ont été détenues, dont des prisonniers de guerre français, italiens et russes, des travailleurs forcés et des Juifs. 42 900 personnes au moins sont mortes dans le réseau de Neuengamme au cours de marches de la mort organisées quand on évacuait des camps, sous les bombardements ou après avoir été transférées dans d'autres camps. À la mi-juillet 1944, un transport comprenant 1 500 Tchèques juives (dont Franci) a quitté Auschwitz-Birkenau. Elles sont 500 à avoir été envoyées dans l'entrepôt de Dessauer Ufer, près des raffineries de pétrole de Hambourg, pour dégager les gravats provoqués par les bombardements des Alliés. En septembre 1944, les mêmes 500 ont été déplacées à

Neugraben, puis, en février 1945, à Tiefstack. La première semaine d'avril 1945, elles ont été envoyées à Bergen-Belsen.

*

Bergen-Belsen était un camp de concentration situé en Allemagne du Nord, créé en 1940 pour les prisonniers de guerre. Il comprenait en fait des Juifs, des prisonniers politiques, des Tsiganes dits « socialement inadaptés », des criminels, des témoins de Jéhovah et des homosexuels. À la fin de la guerre, Bergen-Belsen est devenu le dépotoir de milliers de Juifs venus d'autres camps après des marches de la mort. 50 000 personnes environ y sont mortes, dont Anne et Margot Frank. Les conditions sanitaires étaient épouvantables, et on manquait de nourriture et d'eau, si bien que les gens mouraient de faim et d'épidémies. Franci a attrapé le typhus, mais il y avait aussi la tuberculose, la fièvre typhoïde et la dysenterie. Le camp a été libéré par l'armée britannique le 15 avril 1945. Plus de 13 000 prisonniers sont morts après la libération. Franci et Kitty ont pu récupérer à Celle, à 17 kilomètres de là, où l'armée britannique avait monté un hôpital. Plus tard, le camp a été évacué et détruit à cause des maladies endémiques.

[Note de l'éditeur :] Franci a été internée à Birkenau dans le camp des familles. Quand elle explique être « sélectionnée » pour être transférée dans un camp de travail, et compte tenu de sa description, elle ne passe probablement pas par Auschwitz (contrairement à ce qu'elle dit), mais par le camp de femmes de Birkenau. Ainsi, on peut noter la difficulté à percevoir la réalité spatiale, si fréquente dans les plus anciens témoignages.

Franci enfant et sa mère, Josefa Rabinek, août 1922.

Franci (*à gauche*)
à 3 ans en 1923 à Prague,
avec son cousin Peter.

Franci et son petit ami étudiant en architecture, Leo Oppenheimer, à Prague, mai 1937.

Dernière photographie de Josefa Rabinek, la mère de Franci, 1940.

Emil Rabinek,
dans les années 1930.

Marianne Golz, compagne
de cellule de Franci
dans la prison de Pankrác,
durant le mois de juin 1939.

Photo de mariage de Franci et Joe Solar, 1940.

Joe Solar et son chien Tommy.

Gisa, 1939.

Franci (*à gauche*) et Kitty
avec un soldat anglais
à Celle, 1945.

La colonel de la Croix-Rouge Margaret Emmelin Montgomery (*assise*) avec du personnel anglais à Celle, été 1945.

Franci (*à gauche*) et Kitty après la libération à Celle, été 1945.

Photo de mariage de Franci et Kurt Epstein, le 21 décembre 1946, à l'hôtel de ville de Prague.

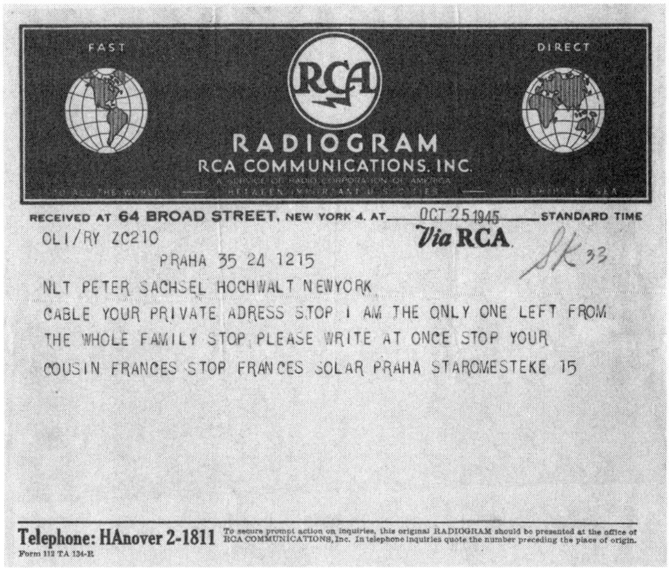
FAST DIRECT
RCA
RADIOGRAM
RCA COMMUNICATIONS, INC.
RECEIVED AT 64 BROAD STREET, NEW YORK 4, AT OCT 25 1945 STANDARD TIME
Via RCA
OLI/RY ZC210
PRAHA 35 24 1215
NLT PETER SACHSEL HOCHWALT NEWYORK
CABLE YOUR PRIVATE ADRESS STOP I AM THE ONLY ONE LEFT FROM THE WHOLE FAMILY STOP PLEASE WRITE AT ONCE STOP YOUR COUSIN FRANCES STOP FRANCES SOLAR PRAHA STAROMESTEKE 15
Telephone: HAnover 2-1811
To secure prompt action on inquiries, this original RADIOGRAM should be presented at the office of RCA COMMUNICATIONS, Inc. In telephone inquiries quote the number preceding the place of origin.
Form 112 TA 134-R

Télégramme de Franci adressé à son cousin Peter, le 25 octobre 1945.

Document de sortie de Franci, 1948.

Margot Körbel en Israël, 1951.

Franci, styliste à New York, 1955.

Table

NORD COMPO
multimédia

Composition et mise en pages
Nord Compo à Villeneuve-d'Ascq

Achevé d'imprimer en janvier 2021
dans les ateliers de Normandie Roto Impression s.a.s.
61250 Lonrai
N° d'impression : 2005267
N° d'édition : L.01EHBN001144.N001
Dépôt légal : février 2021

Imprimé en France